もくじ・学習記録表

「実力完成テスト」の得点を記録し，弱点分野を発見しましょう。

別冊は，本冊と軽くのりづけされていますので，はずしてお使いください。

1日目

漢字・語句

漢字の読み

中学校で学習する主な常用漢字の読み方の問題です。小学校で習った漢字の、中学校で新しく習う読み方にも注意しましょう。

基礎の確認

（解答▼別冊 p.2）

❶ 複数の音訓をもつ漢字

▼次の――線部の漢字の読み方を書きなさい。

(1) ① 約束の時間に遅れる。（　　）
② 亀《かめ》は、歩くのが遅い。（　　）

(2) ① 泥《どろ》で服を汚す。（　　）
② 川の水が汚い。（　　）

(3) ① 猿《さる》がおりから逃げる。（　　）
② 大きなチャンスを逃す。（　　）

(4) ① 冬の寒さが和らぐ。（　　）
② 音楽で心が和む。（　　）

(5) ① 滑らかな口調で話す。（　　）
② 雨のあとで道が滑る。（　　）

(6) ① 多くの書物を著す。（　　）
② 練習の効果が著しい。（　　）

(7) ① 物かげに潜む。（　　）
② 机の下に潜る。（　　）

(8) ① 率直に話をする。（　　）
② 雨の確率が高い。（　　）

(9) ① 極端な例を挙げる。（　　）
② 極秘の計画を練る。（　　）

(10) ① 精神を集中させる。（　　）
② 勉強に精進する。（　　）

(11) ① 多くの文献を集める。（　　）
② 夕食の献立を決める。（　　）

(12) ① びっくり仰天する。（　　）
② 仏教を信仰する。（　　）

(13) ① 手綱を握《にぎ》る。（　　）
② 手荒なことはしない。（　　）

(14) ① 体裁を整える。（　　）
② 指導体制を固める。（　　）

(15) ① 京都《きょうと》御所を見学する。（　　）
② 自動制御装置が働く。（　　）

復習ガイド

■複数の音訓をもつ漢字の例

① 音

恵　ケイ…恩恵　エ……知恵

拠　キョ…根拠　コ……証拠

② 訓

占　し(める)　うらな(う)

抱　だ(く)　いだ(く)　かか(える)

■訓読みの読み分け

送り仮名《がな》で読み分ける。

例

笑　―う→わら　―む→え

凍　―る　→こお　―える→こご

② 読み誤りやすい漢字

▼次の――線部の漢字の読み方を書きなさい。

(1) 専ら研究に打ち込《こ》む。〔　〕
(2) たくさんのお金を費やす。〔　〕
(3) 柿《かき》の実が熟れる。〔　〕
(4) どうも胸騒《さわ》ぎがする。〔　〕
(5) 親の教えに背く。〔　〕
(6) 商品の名前が紛らわしい。〔　〕
(7) 大きなかばんを提げる。〔　〕
(8) 風船が大きく膨らむ。〔　〕
(9) 英語を自在に操る。〔　〕
(10) 危ういところを助かった。〔　〕
(11) あの人とは何かと縁がある。〔　〕
(12) 今日は夏至だ。〔　〕
(13) 道端でお金を拾った。〔　〕
(14) 境内をきれいに掃《は》き清める。〔　〕
(15) 心臓発作が起きる。〔　〕
(16) 納得がいくまでやり直す。〔　〕
(17) 困難な仕事を遂行する。〔　〕
(18) それが、私の唯一の望みだ。〔　〕
(19) 彼《かれ》は十年来の知己だ。〔　〕
(20) 急いで衣装を着《き》替《が》える。〔　〕
(21) 不正を暴露する。〔　〕
(22) 危険な箇所を点検する。〔　〕
(23) 一時間目の予鈴が鳴る。〔　〕
(24) 類似品が出回っている。〔　〕
(25) 干物を焼く。〔　〕
(26) 動物の特徴をとらえる。〔　〕
(27) 北海道に赴任する。〔　〕
(28) 背丈が兄に追いつきそうだ。〔　〕
(29) 天井の高い部屋だ。〔　〕
(30) 子供のように強情を張る。〔　〕
(31) 賞品を授与する。〔　〕
(32) 既製品を買う。〔　〕

③ 音＋訓の熟語・訓＋音の熟語

▼次の――線部の熟語が重箱読み《じゅうばこよみ》（音読み＋訓読み）ならA、湯桶読み《ゆとうよみ》（訓読み＋音読み）ならB、それ以外ならCと答えなさい。

(1) 両隣の人と席を一つ空ける。〔　〕
(2) 街道に関所の跡《あと》が残る。〔　〕
(3) 本棚の整理をする。〔　〕
(4) 窓の隙間から風が入る。〔　〕
(5) 雪舟《せっしゅう》は江戸《えど》時代の絵師だ。〔　〕

■長い読みの漢字

訓読みのとき、長い読みの漢字は、特に送り仮名に注意して、正しく読む。

例 商＝あきな(う)　試＝こころ(みる)　妨＝さまた(げる)　携＝たずさ(える)　償＝つぐな(う)　慎＝つつし(む)　滞＝とどこお(る)

ミス注意 特殊《とくしゅ》な読みに注意

特殊な読み方は、用例が少ないので、熟語として覚える。

例 神社の境内

・「境」を「けい」と読むのは「境内」だけ。
・「内」を「だい」と読むのは「境内」「内裏《だいり》」など。

くわしく 重箱読みと湯桶読み

二字熟語の多くは、「音＋音」、「訓＋訓」で読むが、「音＋訓」、「訓＋音」で読むものもある。「音＋訓」の読み方を重箱読み、「訓＋音」の読み方を湯桶読みという。

例 重箱読み……台所《ダイどころ》
湯桶読み……横線《よこセン》

実力完成テスト

＊解答と解説…別冊p.2
＊時　間………20分
＊配　点………100点満点

得点　　点

1 次の――線部の漢字の読み方を書きなさい。〈1点×36〉

(1) ① 東京のおじを頼る。
② 妹におつかいを頼む。

(2) ① ボールが弾む。
② ピアノを弾く。

(3) ① 前髪《まえがみ》を触る癖《くせ》がある。
② 足がプールの底に触れる。

(4) ① 犯人を捕らえる。
② とんぼを捕まえる。

(5) ① タオルを両手で絞る。
② 余計なことをして、自らの首を絞める。

(6) ① かえるが跳ねる。
② ハードルを跳び越《こ》える。

(7) ① 反対派が多数を占める。
② 今日の運勢を占う。

(8) ① 早朝にマラソンをする。
② 早速、仕事に取りかかる。

(9) ① 夫人同伴でパーティーに出る。
② ギターで伴奏する。

(10) ① 祖父が遺言を残した。
② 故人の遺志を尊重する。

(11) ① 彼《かれ》は柔和な性格だ。
② 犬は飼い主に柔順だ。

(12) ① 証拠の品を取り出す。
② 意見の根拠を示す。

(13) ① 自然の恩恵をこうむる。
② みんなで知恵を出し合う。

(14) ① 父は、今日は機嫌がいい。
② 犯行の嫌疑をかけられる。

(15) ① 三年近くの歳月が流れる。
② お歳暮の品を贈《おく》る。

(16) ① 大きな拍手が起こる。
② 手で拍子をとる。

(17) ① 友達からの手紙を開封する。
② 封建制度は江戸《えど》時代まで続いた。

(18) ① 丁寧な挨拶《あいさつ》をする。
② 横丁にひっそりと店がある。

2 次の――線部の漢字の読み方を書きなさい。〈1点×34〉

(1) ようやく目的を遂げる。〔　　〕
(2) 先生のお話を伺う。〔　　〕
(3) 夕日に映える山々。〔　　〕
(4) 熱気が会場全体を覆う。〔　　〕
(5) 混乱状態に陥る。〔　　〕
(6) 電話で注文を承る。〔　　〕
(7) 兄は近頃《ちかごろ》、手品に凝っている。〔　　〕
(8) 池の水面に花びらが漂う。〔　　〕
(9) 大きな損害を被る。〔　　〕
(10) 破れた袖口《そでぐち》を繕う。〔　　〕
(11) 工事の音が眠《ねむ》りを妨げる。〔　　〕
(12) 巧みな包丁さばきを見せる。〔　　〕
(13) 新しい事業を企てる。〔　　〕
(14) 油断しないように、自分を戒める。〔　　〕
(15) 朗らかな笑い声が聞こえる。〔　　〕
(16) 式は厳かに行われた。〔　　〕
(17) 性分に合った仕事をする。〔　　〕
(18) サッカーで絶妙なパスを受ける。〔　　〕
(19) 彼は決して妥協しない。〔　　〕
(20) バスと電車が並行して走る。〔　　〕
(21) 素朴な味のお菓子《かし》。〔　　〕
(22) 詳細を明らかにする。〔　　〕
(23) 風景を描写する。〔　　〕
(24) 収支の均衡を保つ。〔　　〕
(25) 官吏になるための勉強をする。〔　　〕
(26) みんなで一斉に外へ飛び出した。〔　　〕
(27) レポートの論旨が曖昧《あいまい》だ。〔　　〕
(28) コンピューターを駆使する。〔　　〕
(29) 文化祭を実施する。〔　　〕
(30) 小学校で皆勤賞をもらった。〔　　〕
(31) 募《ぼ》集《しゅう》の条件に該当する。〔　　〕
(32) 彼に全幅の信頼《しんらい》を寄せる。〔　　〕
(33) 会の運営が円滑に進む。〔　　〕
(34) 夕食の支度をする。〔　　〕

3 次の問いに答えなさい。〈6点×5〉

Ⅰ ――線部の語の読み方を、音読みは片仮名《かたかな》で、訓読みは平仮名で書きなさい。 例 仕事をする。〔シごと〕

(1) 学校の近くに沼地がある。〔　　〕
(2) 彼は人柄がとても良い。〔　　〕
(3) 条約を締結する。〔　　〕
(4) 花の間を蜜蜂が飛ぶ。〔　　〕

Ⅱ Ⅰのうち、湯桶《ゆとう》読みの語の番号を一つ答えなさい。〔　　〕

2日目

漢字・語句

漢字の書き

同音異義語・同訓異字・形の似ている漢字などを問う問題です。漢字の意味に注意して、確実に書けるようにしましょう。

基礎の確認

（解答▼別冊 p.3）

1 同音異義語

▼次の――線部の片仮名《かたかな》を漢字に直しなさい。

(1)
① イガイな結末だった。（　　）
② 生徒イガイは入れない。（　　）

(2)
① ショウガイ事件が起こる。（　　）
② ショウガイを乗り越《こ》える。（　　）

(3)
① 文学にカンシンをもつ。（　　）
② 見事な絵にカンシンする。（　　）

(4)
① 天地ソウゾウの物語。（　　）
② ソウゾウを絶する寒さだ。（　　）

(5)
① ケントウもつかない。（　　）
② 問題点をケントウする。（　　）

(6)
① ドラマがカンケツした。（　　）
② カンケツな文章を書く。（　　）

(7)
① 友の活躍《かつやく》をキタイする。（　　）
② 酸素はキタイである。（　　）

(8)
① 若者をタイショウとする。（　　）
② 左右タイショウの図形だ。（　　）
③ 資料とタイショウする。（　　）

(9)
① できるとカテイして話す。（　　）
② 成長のカテイを記録する。（　　）
③ カテイでの食事が大事だ。（　　）

(10)
① シコウ錯誤《さくご》を繰《く》り返す。（　　）
② シコウ力が低下する。（　　）
③ 彼《かれ》は、権力シコウが強い。（　　）

2 同訓異字

▼次の――線部の片仮名を漢字に直しなさい。

(1)
① 朝早く目をサます。（　　）
② 湯をサまして飲む。（　　）

(2)
① 気候がアタタかい。（　　）
② 心がアタタかい人だ。（　　）

復習ガイド

■同音異義語の例

コウカ
・高架（高く架《か》け渡《わた》すこと。）
・高価（値段が高いこと。）
・硬化（硬《かた》くなること。）
・降下（高い所から降りること。）
・効果（よい結果。成果。）

くわしく　同音異義語の分類

① 一字の部分が同じ
例 意義・異議

② 一字が同じ
例 異同・異動

③ 二字とも異なる
例 気候・紀行・機構・起稿

確認　同音異義語の区別

漢字のもつ意味で判断する。

例 タイメン ｛体面を保つ。／肉親と対面する。

「体（形・ありさま）」なのか、「対する」のか、という意味から判断する。

(3) ① 傷をオう。
② 流行をオう。

(4) ① 仏前に花をソナえる。
② 試験にソナえる。

(5) ① 仏の道をトく。
② 数学の方程式をトく。

(6) ① 対戦相手にヤブれる。
② 将来の夢がヤブれる。

(7) ① 鏡に姿をウツす。
② 計画を実行にウツす。
③ カメラで花をウツす。

(8) ① 大役をツトめる。
② 会社にツトめる。
③ 体力の向上にツトめる。

(9) ① 今年の夏はアツい。
② アツいお茶を入れる。
③ アツい壁《かべ》にはばまれる。

(10) ① 時間をハカる。
② 体重をハカる。
③ 池の深さをハカる。
④ 問題の決着をハカる。

3 書き誤りやすい漢字

▼次の――線部の片仮名を漢字に直しなさい。

(1) 渡《わた》り鳥がムれをつくる。
(2) 商店をイトナむ。
(3) 仏壇《ぶつだん》の前でオガむ。
(4) オサナい頃《ころ》を思い出す。
(5) 親元を離《はな》れて一人でクらす。
(6) アンイな考え方だ。
(7) うわさをヒテイする。
(8) あらゆるシレンに耐《た》える。
(9) 箱のタイセキを比べる。
(10) 機械の仕組みがフクザツだ。
(11) センモン家の意見を聞く。
(12) キケンな場所に立ち入らない。
(13) 楽器をエンソウする。
(14) フンキして、勉強に励《はげ》む。
(15) ロンリ的な文章だ。
(16) イッサツの本にまとめる。
(17) 道路がジュウオウに走る。
(18) 不純物をジョキョする。
(19) とんだサイナンだった。
(20) 接客をタントウする。

■同訓異字とは
訓読みが同じで、字形・意味が異なる字。
例 あう { 人に会う。／答えが合う。 }

確認 同訓異字の使い分け
文意に当てはまる二字熟語を考えて、訓読みの漢字を使い分ける。
例 はやい { 時期がはやい。（早期→早）／流れがはやい。（急速→速） }
例 とまる { 時間がとまる。（停止→止）／心にとまる。（留意→留） }

ミス注意 似ている字に注意
積 績
複 復

ミス注意 字画に注意
× 専 ○ 専
× 易 ○ 易
× 危 ○ 危
× 拝 ○ 拝

実力完成テスト

*解答と解説…別冊p.3
*時間……20分
*配点……100点満点

得点 点

1 次の——線部の片仮名《かたかな》を漢字に直しなさい。〈1点×28〉

(1) ① イギのある人生を送る。 ② 人の意見にイギを唱える。
(2) ① 利益をツイキュウする。 ② 真理をツイキュウする。
(3) ① 劇団のコウエンを見に行く。 ② 作家のコウエンを聞く。
(4) ① 身の安全をホショウする。 ② 商品の品質をホショウする。
(5) ① 事態をシュウシュウする。 ② ごみをシュウシュウする。
(6) ① 交通キカンに乱れが生じる。 ② 工事のキカンは一週間だ。
(7) ① 会社で人事イドウが行われる。 ② 会議の場所をイドウする。
(8) ① 月は地球のエイセイである。 ② エイセイ管理に気を配る。
(9) ① コウセイな判断をする。 ② コウセイ年金に加入する。
(10) ① 彼女《かのじょ》は、イシが強い人だ。 ② イシの疎《そ》通《つう》を図る。 ③ 亡父のイシを継《つ》ぐ。
(11) ① 予想イジョウの人が集まった。 ② 辺りの様子にイジョウはない。 ③ 今年の天候はイジョウだ。
(12) ① 病気がカイホウに向かう。 ② 校庭を一般《いっぱん》にカイホウする。 ③ 仕事からカイホウされる。 ④ 活動の様子をカイホウで知らせる。

2 次の——線部の片仮名を漢字に直しなさい。〈1点×30〉

(1) ① ぜいたくをキワめる。 ② 学問をキワめる。
(2) ① 遠くに富士山《ふじさん》をノゾむ。 ② 自信をもって試験にノゾむ。
(3) ① 北の方角をサす。 ② 部屋に朝日がサす。
(4) ① 足首がイタむ。 ② 果物がイタむ。

(5)
① 祖母はいつもヤサしい。
② ヤサしい問題だ。

(6)
① 言葉の使い方をアヤマる。
② 約束の時間に遅《おく》れたことをアヤマる。

(7)
① 実行するには勇気がイる。
② 矢が的をイる。

(8)
① 夜がアける。
② 家の鍵《かぎ》をアける。
③ しばらく席をアける。

(9)
① 相手の進路をタつ。
② 登山者が消息をタつ。
③ はさみで布をタつ。

(10)
① 電車が駅にツく。
② 新しい仕事にツく。
③ 手にペンキがツく。

(11)
① 考えを言葉でアラワす。
② ついに正体をアラワす。
③ 自伝をアラワす。

(12)
① 勝利をオサめる。
② 大名《だいみょう》が領地をオサめる。
③ 会費をオサめる。
④ 学問をオサめる。

3 次の——線部の片仮名を漢字に直しなさい。〈2点×21〉

(1) 海岸にソって歩く。
(2) マフラーを首にマく。
(3) ちょうが花の蜜《みつ》をスう。
(4) 迷いをスてる。
(5) 時間が足りなくてコマる。
(6) 説明をオギナう。
(7) まんじゅうをムす。
(8) 彼は、なくてはならないソンザイだ。
(9) 試合で実力をハッキする。
(10) 前もってケイコクする。
(11) 偉大《いだい》なコウセキを残す。
(12) 思い出がノウリをよぎる。
(13) ヒハン的な意見が多い。
(14) テンラン会に作品を出す。
(15) キボの大きい計画だ。
(16) ジャッカンのゆとりがある。
(17) チイキ社会の活動に力を入れる。
(18) 試合はエンチョウ戦に入った。
(19) タイサクを立てる。
(20) 前向きなシセイで取り組む。
(21) 多くのカンシュウを前に歌う。

3日目

漢字・語句

熟語の構成・類義語・対義語など

熟語の構成、類義語・対義語・多義語、筆順など、語句について学習します。語句の使い方や意味などの知識を増やしましょう。

基礎の確認

（解答▼別冊 p.4）

1 二字熟語の構成

▼次の二字熟語の構成の説明として適切なものをそれぞれあとから選び、記号で答えなさい。

(1) 添加《てんか》〔　　〕 (2) 攻守《こうしゅ》〔　　〕

(3) 厳守〔　　〕 (4) 地震《じしん》〔　　〕

(5) 無事〔　　〕 (6) 着席〔　　〕

ア 上が下を修飾《しゅうしょく》　イ 上下が主語・述語

ウ 下が上の目的・対象　エ 意味の似た字の重なり

オ 上が下を否定　カ 対《つい》になる字の重なり

2 三字熟語の構成

▼次の三字熟語と同じ構成のものをそれぞれあとから選び、記号で答えなさい。

(1) 大自然〔　　〕 (2) 案内書〔　　〕

(3) 衣食住〔　　〕 (4) 未成年〔　　〕

ア 無意味　イ 常緑樹

ウ 諸問題　エ 松竹梅

3 四字熟語の構成

▼次の四字熟語の構成の説明として適切なものをそれぞれあとから選び、記号で答えなさい。

(1) 半信半疑〔　　〕

(2) 意気投合〔　　〕

(3) 創意工夫〔　　〕

(4) 宅地開発〔　　〕

ア 上二字と下二字が主語・述語の関係

イ 上二字が下二字を修飾する関係

ウ 上二字と下二字が似た意味の関係

エ 上二字と下二字が反対の意味の関係

4 数字を含む四字熟語

▼次の〔　〕に漢数字を入れて、四字熟語を完成しなさい。

(1)〔　〕人〔　〕色 (2)〔　〕喜〔　〕憂《ゆう》

(3)〔　〕転〔　〕倒《とう》 (4)〔　〕者択《たく》〔　〕

(5)〔　〕苦〔　〕苦 (6)〔　〕客〔　〕来

復習ガイド

■熟語の構成の区別

文の形にして確かめる。

例 頭痛 ＝ 頭が 痛い。（主語・述語）

再会 ＝ 再び 会う。（上が下を修飾）

確認 四字熟語の構成

二字＋二字の構成が多い。

例 用意周到《よういしゅうとう》

＝用意が周到（行き届いていること）だ。（主語・述語）

質疑応答《しつぎおうとう》

＝質疑（質問すること）応答（答えること）（反対の意味）

※一字＋三字、三字＋一字、四字が対等の構成もある。

くわしく 数字を含む四字熟語

例 一朝一夕《いっちょういっせき》　唯一無二《ゆいいつむに》

一石二鳥《いっせきにちょう》　三位一体《さんみいったい》

三寒四温《さんかんしおん》　千載一遇《せんざいいちぐう》

5 類義語・対義語1

▼次の(1)〜(6)は類義語に、(7)〜(12)は対義語に当たる熟語をそれぞれあとから選び、記号で答えなさい。

類義語：たがいに意味の似ている言葉。
対義語：たがいに意味が反対になったり、対になったりする言葉。

(1) 案外 ―（　　）　(2) 倹約《けんやく》 ―（　　）
(3) 手段 ―（　　）　(4) 我慢 ―（　　）
(5) 賛成 ―（　　）　(6) 自然 ―（　　）
(7) 模倣《もほう》 ↔（　　）　(8) 拡大 ↔（　　）
(9) 理論 ↔（　　）　(10) 複雑 ↔（　　）
(11) 生産 ↔（　　）　(12) 義務 ↔（　　）

ア 忍耐《にんたい》　**イ** 消費　**ウ** 縮小　**エ** 単純
オ 創造　**カ** 権利　**キ** 同意　**ク** 意外
ケ 実践《じっせん》　**コ** 節約　**サ** 天然　**シ** 方法

6 類義語・対義語2

▼次の(1)〜(5)は類義語に、(6)〜(10)は対義語に当たる語をそれぞれあとから選び、記号で答えなさい。

(1) 関係 ―（　　）　(2) もうけ ―（　　）
(3) 被害《ひがい》 ―（　　）　(4) 旅立ち ―（　　）
(5) 見込《みこ》み ―（　　）　(6) 連載《れんさい》 ↔（　　）
(7) ベテラン ↔（　　）　(8) 厚い ↔（　　）
(9) 浮《う》かれる ↔（　　）　(10) からい ↔（　　）

ア 利益　**イ** 読み切り　**ウ** 薄《うす》い　**エ** 門出
オ 甘《あま》い　**カ** ダメージ　**キ** つながり
ク 予測　**ケ** 沈《しず》む　**コ** 駆《か》け出し

7 多義語

▼次の各組の□に共通して当てはまる多義語を答えなさい。

多義語：一つで多くの意味・用法をもつ言葉。

(1)
① 人の話に□を出す。
② この料理は私の□に合わない。
③ 夜の十時は、まだ宵《よい》の□だ。
（　　）

(2)
① 洗った生野菜の水をよく□。
② ゲームの前にトランプの札を□。
③ 悪い食習慣とは縁《えん》を□。
（　　）

(3)
① 実力のある彼女《かのじょ》の合格は□。
② □結び目を苦労してほどく。
③ 友達と□約束を交わす。
（　　）

8 筆順

▼矢印で示した画を、①一画目に書く漢字、②最後に書く漢字を次から選び、記号で答えなさい。

ア 共　**イ** 申　**ウ** 承

①（　　）　②（　　）

9 部首名

▼次の漢字の部首名を、平仮名《ひらがな》で書きなさい。

(1) 原（　　）
(2) 刻（　　）
(3) 都（　　）

■**対義語の見つけ方**

対応する字に注目する。

例 勝利 ↔ 敗北
「勝」↔「敗」の関係をつかむ。
楽観 ↔ 悲観
「楽」↔「悲」の関係をつかむ。

くわしく 類義語と対義語

類義語は意味が似ていても、文中で置き換《か》えることができる場合と、語感の違《ちが》いから文脈によっては置き換えられない場合とがある。
対義語は文脈によって、対になる語が変わる場合がある。

例 薄い色 ↔ 濃《こ》い色
薄い本 ↔ 厚い本

ミス注意 筆順

筆順の原則を押《お》さえる。
・横画と縦画が交差する場合は、横画が先。→8―ア
・左から右へ書くのが大原則だが、中と左右があって、左右が対称的《たいしょうてき》になっているものは、中から。→8―ウ
・字全体を貫《つらぬ》く縦画や横画は、最後。→8―イ

実力完成テスト

熟語の構成・類義語・対義語など

*解答と解説…別冊p.4
*時間……20分
*配点……100点満点

得点　　点

1 次の熟語と同じ構成のものをそれぞれあとから選び、記号で答えなさい。〈2点×5〉

(1) 就職　ア 難問　イ 永久　ウ 納税　エ 同然　〔　　〕
(2) 歓喜《かんき》　ア 探求　イ 得失　ウ 非常　エ 腹痛　〔　　〕
(3) 仮定　ア 愛国　イ 貧富　ウ 育成　エ 偉人《いじん》　〔　　〕
(4) 因果　ア 公私　イ 乗車　ウ 最近　エ 絵画　〔　　〕
(5) 非礼　ア 骨折　イ 自己　ウ 不満　エ 求人　〔　　〕

2 次の〔　〕に「不・無・非・未」の接頭語のどれか、または「性・化・的」の接尾語《せつび》のどれかを入れて、適切な熟語を作りなさい。〈2点×8〉

(1) 〔　　〕収の代金。　(2) 〔　　〕快な思いをする。
(3) 画家の適〔　　〕がある。　(4) チームを強〔　　〕する。
(5) 〔　　〕意識に見る。　(6) 〔　　〕公式な話。
(7) 画期〔　　〕な発明。　(8) 簡素〔　　〕を図る。

3 次の四字熟語と同じ構成のものをそれぞれあとから選び、記号で答えなさい。〈2点×4〉

(1) 悪戦苦闘《くとう》
ア 起承転結　イ 完全無欠　ウ 臨時休業　エ 一進一退　〔　　〕
(2) 首尾一貫《しゅびいっかん》
ア 大同小異　イ 春夏秋冬　ウ 右往左往　エ 大器晩成　〔　　〕
(3) 有名無実
ア 波状攻撃《こうげき》　イ 意味深長　ウ 質疑応答　エ 立身出世　〔　　〕
(4) 現状維持《いじ》
ア 老若男女《ろうにゃくなんにょ》　イ 一長一短　ウ 自由自在　エ 現場監督《かんとく》　〔　　〕

4 次の二つの□に共通して入る漢字一字を、〔　〕に書きなさい。〈2点×6〉

(1) 以□伝□　〔　　〕　(2) □材□所　〔　　〕
(3) □画□賛　〔　　〕　(4) □体□命　〔　　〕
(5) □信□疑　〔　　〕　(6) □業《ごう》□得　〔　　〕

5

次の熟語が類義語どうしとなるように、〔　〕に当てはまる漢字を書きなさい。〈2点×8〉

(1) 不意―〔　〕然
(2) 関心―〔　〕味
(3) 欠点―〔　〕所
(4) 普遍《ふへん》―〔　〕般《ぱん》
(5) 不足―欠〔　〕
(6) 屈指《くっし》―有〔　〕
(7) 未来―〔　〕来
(8) 風習―〔　〕習

6

次の熟語が対義語どうしとなるように、〔　〕に当てはまる漢字を書きなさい。〈2点×8〉

(1) 主観↔〔　〕観
(2) 間接↔〔　〕接
(3) 偶然《ぐうぜん》↔〔　〕然
(4) 需要《じゅよう》↔〔　〕給
(5) 延長↔短〔　〕
(6) 既知《きち》↔〔　〕知
(7) 積極的↔〔　〕極的
(8) 平凡《へいぼん》↔〔　〕凡

7

次の語の(1)～(4)は類義語に、(5)～(8)は対義語に当たる語をそれぞれあとから選び、記号で答えなさい。〈1点×8〉

(1) 試み―〔　〕
(2) ライバル―〔　〕
(3) かつて―〔　〕
(4) 願う―〔　〕
(5) 頂↔〔　〕
(6) 近道↔〔　〕
(7) 褒《ほ》める↔〔　〕
(8) 絶頂↔〔　〕

ア 以前　**イ** けなす　**ウ** テスト
エ 麓《ふもと》　**オ** 祈《いの》る　**カ** どん底
キ 回り道　**ク** 好敵手

8

次の――線部の語の意味をそれぞれあとから選び、記号で答えなさい。〈1点×4〉

(1) ① 不祥事《ふしょうじ》の責任をとる。〔　〕
② ソファーを置くと、場所をとる。〔　〕

ア 手に入れる。　**イ** 取り除く。
ウ 必要とする。　**エ** 引き受ける。

(2) ① 解決のための良い手を思いつく。〔　〕
② 道を進むと、右手に海が広がる。〔　〕

ア 位置・方向　**イ** 方法
ウ 種類　**エ** 手首から先の部分

9

次の漢字を楷書《かいしょ》で書く場合、矢印で示した画は何画目に書くのが正しいか。漢数字で答えなさい。〈2点×3〉

(1) 方↑　〔　〕画目
(2) 城↑　〔　〕画目
(3) 用↑　〔　〕画目

10

次の漢字の部首名を、平仮名《ひらがな》で書きなさい。〈1点×4〉

(1) 降〔　〕
(2) 礼〔　〕
(3) 情〔　〕
(4) 起〔　〕

4日目

文法

文節・文の成分

文を組み立てている単位である「文節」と、それらの文中での役割である「文の成分」について、学習しましょう。

基礎の確認

（解答▼別冊 p.5）

❶ 文節

▼**文節**は、文を意味を壊《こわ》さない程度に短く区切った、文中のひと区切りで、文を作る**単位**である。次の各文を、例にならって文節ごとに｜で区切りなさい。

例 友達から｜本を｜借りる。

（1）きょうもまた暑くなるだろう。

（2）手紙を彼女《かのじょ》に直接手渡《てわた》す。

（3）悔《くや》し涙《なみだ》がぽとりと落ちた。

❷ 連文節〈文節どうしの関係〉

▼隣《とな》り合った二つ以上の文節が意味のうえで強く結び付き、一つの文節のような働きをするとき、このひとまとまりを**連文節**という。次の各文の連文節に――線を引きなさい。

（1）私には姉と弟がいる。

（2）彼《かれ》は勇敢《ゆうかん》で優しい。

（3）誰《だれ》かが向こうから走ってくる。

（4）クラスの代表を選ぶ。

❸ 並立の関係・補助の関係〈文節どうしの関係〉

▼必ず連文節を作る文節どうしの関係には、**並立の関係**「対等の資格で並ぶ。」と**補助の関係**「下の文節が、すぐ上の文節に補助的な意味を付け加える。」がある。次の各文の――線部は、**ア**「並立の関係」、**イ**「補助の関係」のどちらか。記号で答えなさい。

（1）一晩中、雨や風がひどかった。（　）

（2）急にテレビが壊れてしまった。（　）

（3）飛行機は、速くて安全な乗り物だ。（　）

（4）よくないうわさが立つ。（　）

（5）そのびんには水が入っている。（　）

（6）僕《ぼく》はご飯もパンも好きだ。（　）

復習ガイド

■**文節の区切り方**

話し口調で「ネ・サ・ヨ」が入るところが、文節の切れ目。

例 友達から（ネ） 本を（サ） 借りる（ヨ）。

確認 主語の形

主語は、いつも「〜が」の形をとるとは限らない。

例 犬はとてもかわいい。
妹だけ先に帰った。
母までねぼうした。
雨も降ってきた。
あなたこそ適任だ。

確認 文節どうしの関係

- 主語・述語の関係
- 修飾・被《ひ》修飾の関係
- 接続の関係
- 独立の関係
- 並立の関係
- 補助の関係」必ず連文節を作る。

4 主語・述語 〈文の成分〉

▼ **文の成分**（主語・述語・修飾語・接続語・独立語の五つ。）のうち「何（誰）が」を表す文節を**主語**、「どうする・何だ」（ほかに「どんなだ・ある（いる・ない）」などの形をとる。）などを表す文節を**述語**という。次の各文から、主語と述語を一文節で書き抜《ぬ》きなさい。

（1）母は昔、教師だった。
主語〔　〕　述語〔　〕

（2）作品が二点、机の上にある。
主語〔　〕　述語〔　〕

5 修飾語《しゅうしょく》 〈文の成分〉

▼ **文の成分**のうち、「いつ」「何を」「どこで」「どのように」など、ほかの文節をくわしく説明する文節を**修飾語**という。次の各文の修飾語はどれか。一文節ずつ順に、すべて書き抜きなさい。

（1）バナナを一人で三本も食べた。
〔　〕〔　〕

（2）明日は、たぶん晴天になるだろう。
〔　〕〔　〕

（3）私たちは午後三時に、改札口で待ち合わせた。
〔　〕〔　〕

（4）昨日、僕はスニーカーを買った。
〔　〕〔　〕

（5）野原に風がそよそよと吹《ふ》きわたる。
〔　〕〔　〕

6 接続語・独立語 〈文の成分〉

▼ 文の成分のうち、理由や条件を表す文節を**接続語**、ほかの文節から独立している文節を**独立語**という。次の各文から、接続語あるいは独立語を一文節で書き抜きなさい。

（1）ああ、よい気持ちだ。
〔　〕

（2）眠《ねむ》いので、水で顔を洗う。
〔　〕

（3）きょうは休日だ。けれども、クラブ活動がある。
〔　〕

（4）みなさん、こちらに来てください。
〔　〕

7 文の成分の識別

▼ 次の各文の――線部の**文の成分**を答えなさい。ただし、連文節からなる場合は「～部」と答えなさい。

（1）努力、それが私のモットーだ。
〔　〕

（2）海や山が僕を呼んでいる。
〔　〕

（3）疲《つか》れたので、途中《とちゅう》でひと休みする。
〔　〕

（4）図書館で、クラスの友達に会った。
〔　〕

（5）うぐいすが木の上で鳴いている。
〔　〕

（6）君はきっとできるよ。
〔　〕

（7）冬になると、欠席する人が多い。
〔　〕

（8）風が潮の香《かお》りを運ぶ。
〔　〕

（9）明日は行くよ、私も。
〔　〕

確認　連文節のよび方

主語と同じ働きをする連文節を「**主部**」、述語と同じ働きをする連文節を「**述部**」、修飾語と同じ働きをする連文節を「**修飾部**」、接続語と同じ働きをする連文節を「**接続部**」、独立語と同じ働きをする連文節を「**独立部**」とよぶ。

くわしく　並立の関係の見分け方

並立の関係にある文節どうしは、たがいの文節に含《ふく》まれている自立語を入れ換《か》えても文意は変わらない。

例　弟と妹が　いる。
＝
妹と弟が　いる。

4日目 実力完成テスト

文節・文の成分

*解答と解説…別冊p.5
*時間……20分
*配点……100点満点

得点　　点

1 次の各文の文節の数を、算用数字で答えなさい。〈2点×4〉

(1) 雨が降らなければ、明日の決勝戦は正午に始まる。〔　　〕

(2) 早いもので、もうあれから一か月が過ぎた。〔　　〕

(3) なぜ完成までにそんなに時間がかかるのか。〔　　〕

(4) もしもし、宮田《みやた》さんのお宅ですか。〔　　〕

2 次の――線部の文節は、どの文節を修飾《しゅうしょく》しているか。それぞれ書き抜《ぬ》きなさい。〈2点×4〉

(1) 気がついたら、すぐにごみは拾おう。〔　　〕

(2) このぶんだと、きっと午後から雨だろう。〔　　〕

(3) 古い柱時計が、時を告げる。〔　　〕

(4) 私は逃《に》げる弟を追いかけた。〔　　〕

3 次の＝＝線部の言葉に係る修飾語を、――線部からすべて選び、順に記号で答えなさい。〈完答4点×3〉

(1) ア おもしろい　イ 本を　ウ 夢中で　エ 一気に　読む。〔　　〕

(2) ア 駅前広場で、イ 市制十周年を　ウ 祝う　催《もよお》しが　行われる。〔　　〕

(3) ア 最近、イ 日本では、ウ 少しずつ　エ 真夏日の　日数が　増えている。〔　　〕

4 次の各文で、連文節になっている部分に――線を引きなさい。また、それが、主部、述部、修飾部のうちのどれになっているかも、答えなさい。〈完答4点×4〉

(1) 百円玉と十円玉だけが残った。〔　　〕

(2) 今度は私がやってみよう。〔　　〕

(3) 笑っているのは母です。〔　　〕

(4) フランスかスペインに行きたい。〔　　〕

5 次の――線部の連文節の、文節どうしの関係として当てはまるものを、それぞれあとから選び、記号で答えなさい。〈2点×5〉

(1) 明日泊《と》まるホテルは、予約してある。〔　　〕

(2) 箱の中には、小さくて白い子猫《こねこ》がいた。〔　　〕

(3) 君が言ったことは、本当だったよ。〔　　〕

(4) 僕《ぼく》の間違《まちが》いだから、謝《あやま》るよ。

(5) 父は十時発の列車で出発した。

ア 主語・述語の関係　イ 修飾・被《ひ》修飾の関係
ウ 並立の関係　エ 補助の関係

6

次の各文の主語を、それぞれ一文節で書き抜きなさい。主語が省略されている場合は、「なし」と書きなさい。〈3点×6〉

(1) 店内には、色とりどりの品物が並んでいる。

(2) もうお昼は済ませました。

(3) 校庭の中央に、生徒が大勢集まった。

(4) いつ聞いてもすばらしいなあ、彼《かれ》の歌は。

(5) あとで、私も父と一緒《いっしょ》に出かけます。

(6) いったい誰《だれ》が、こんな巨大《きょだい》な絵を描《か》いたのだろうか。

7

次の――線部の文の成分を、それぞれあとから選び、記号で答えなさい。〈2点×8〉

(1) ① 海はとても静かだ。
② 海には誰もいない。

(2) ① だからこそ、信じたのだ。
② あなたこそ、探していた人だ。

(3) ① みなさん、聞いてください。
② みなさんも反対するのですか。

(4) ① ここも、よく事故の起きる場所だ。
② 事件が起きたのは、ここだ。

ア 主語　イ 述語　ウ 修飾語
エ 接続語　オ 独立語

8

次の各組の――線部のうち、一つだけ文の成分がほかと異なるものがある。それを選び、記号で答えなさい。〈4点×3〉

(1)
ア おや、何か音がしたね。
イ はい、当番は私です。
ウ 誰だ、ボールを投げたのは。
エ こんにちは、管理人の田中《たなか》です。

(2)
ア 僕だって頑張《がんば》ったよ。
イ 彼にも知らせが届いた。
ウ これは母が作りました。
エ バラは美しい花だ。

(3)
ア ある日、私は本が好きになった。
イ 一学年上に、兄がいる。
ウ きょうは、宿題がたくさんある。
エ ないよ、私には心配事なんか。

文法

自立語

言葉の最も小さい単位である単語を分類したものが、品詞です。自立語の品詞の特徴《とくちょう》と、用言の活用などについて、学習しましょう。

基礎の確認

（解答▼別冊 p.6）

1 自立語・付属語

▼言葉の最も小さい単位である**単語**は、大きく**自立語**〔それだけで意味がわかる単語。〕と**付属語**〔それだけでは意味がわからない単語。〕の二つに分けることができる。文節ごとに区切られた次の各文から、自立語をすべて書き抜《ぬ》きなさい。

（1）棚《たな》の／上に／置物が／一つ／ある。
〔　　　　〕

（2）あなたに／この／赤い／花を／あげる。
〔　　　　〕

（3）彼《かれ》は／きっと／約束を／破らないだろう。
〔　　　　〕

（4）電話を／しながら／運転を／するな。
〔　　　　〕

2 品詞の分類

▼単語を文法上の性質によって分類したものを、**品詞**という。次の図の〔　〕(1)～(3)に当てはまる品詞名を答えなさい。

単語
- 自立語
  - 活用する…動詞・〔(1)〕・形容動詞
  - 活用しない…名詞・〔(2)〕・〔(3)〕・接続詞・感動詞
- 付属語
  - 活用する…助動詞
  - 活用しない…助詞

(1)〔　　　　〕　(2)〔　　　　〕　(3)〔　　　　〕

3 動詞・形容詞・形容動詞

▼**自立語で活用するもの**が、**動詞**・**形容詞**・**形容動詞**で、これら三つを**用言**という。次の単語を、動詞・形容詞・形容動詞に分類しなさい。

〔**うれしい**　**思う**　**親切です**
まじめだ　**ほほ笑む**　**痛い**〕

(1)動詞……〔　　　　〕
(2)形容詞……〔　　　　〕
(3)形容動詞…〔　　　　〕

復習ガイド

確認 自立語とは

①一文節に一つ、必ずある。
②文節の最初にある。
③単独でも意味がわかる。

くわしく 名詞の種類

固有名詞……例 日本・パリ
普通《ふつう》名詞……例 本・海・手
形式名詞……例 ―こと　―もの
代名詞……例 私・そこ
数詞……例 一着・二個

■三つの用言の見分け方
※言い切りのときの語尾《ごび》に注目

・**動詞**（動作などを表す）
書く・読む〉ウ段で終わる。

・**形容詞**（性質・状態を表す）
美しい・偉《えら》い〉いで終わる。

・**形容動詞**（性質・状態を表す）
豊かだ（です）・普通だ（です）〉だ ですで終わる。

4 名詞

▼活用しない自立語のうち、「が」「は」などを伴《ともな》って**主語になる**のが**名詞（体言）**である。次の各文の――線部のうち、名詞をそれぞれ一つ選び、記号で答えなさい。

(1) 富士山《ふじさん》は、ア日本で　イいちばん　ウ高い　山だ。

(2) 私は、ア絶対　イそんな　ウことは　言わないよ。

(3) 僕《ぼく》には　アいつか　イ欲しい　ものが　ウ一つ　あるんだ。

(1)〔　〕　(2)〔　〕　(3)〔　〕

5 副詞

▼活用しない自立語のうち、**主として用言を修飾《しゅうしょく》する**のが**副詞**である。「主に連用修飾語になる。」次の各文から、副詞をそれぞれ一つ書き抜きなさい。

(1) ここからは山々がはっきり見える。〔　〕

(2) 兄はとても力が強いので、僕はかなわない。〔　〕

(3) 突然《とつぜん》背中をたたかれて、私は驚《おどろ》いた。〔　〕

(4) まさか、旅行は中止にならないでしょうね。〔　〕

6 連体詞・接続詞・感動詞

▼次の各文の――線部は、**連体詞**「連体修飾語だけになる。」、**接続詞**「接続語だけになる。」、**感動詞**「独立語だけになる。」のうちのどれか。品詞名を書きなさい。

(1) 1キロ泳ぎ、そして10キロ走る。〔　〕

(2) こんにちは、木村さん。〔　〕

(3) 空に大きな虹《にじ》がかかっている。〔　〕

7 活用形

▼活用する品詞の**活用形**には、**六つ**「未然形・連用形・終止形・連体形・仮定形・命令形」の形がある。次の――線部の活用形を書きなさい。

(1) 明日会う時間を決める。〔　〕

(2) 静かに順番を待つ。〔　〕

(3) この部屋は、とても明るい。〔　〕

(4) 君も来ればいいのに。〔　〕

8 動詞の活用の種類

▼動詞の**活用の種類**は五つである。次の語と活用の種類が同じものをそれぞれあとから選び、記号で答えなさい。

(1) 話す　ア 歩く　イ 駆《か》ける　ウ 来る　エ 見る〔　〕

(2) 生きる　ア 答える　イ 落ちる　ウ 減る　エ 行く〔　〕

くわしく 三種類の副詞

・**状態**の副詞　例 すぐに・ゆっくり

・**程度**の副詞　例 かなり・ずっと

・**呼応《こおう》（陳述《ちんじゅつ》）**の副詞　例 もし〜なら　たぶん〜だろう　（あとにくる語が決まっている。）

■動詞の活用の種類

①「ナイ」を付けて未然形を作り、活用語尾の音で、次の三つを区別する。

例 書く→書かナイ　か＝ア段→**五段活用**

例 借りる→借りナイ　り＝イ段→**上一段《かみいちだん》活用**

例 数える→数えナイ　え＝エ段→**下一《しも》段活用**

② 特殊《とくしゅ》な活用として、次の二つを覚える。

「来る」のみ…**カ行変格活用**

「する」「〜する」…**サ行変格活用**

ミス注意 被修飾語に注目

連体形　きれいな部屋（体言）

連用形　きれいに部屋を片付ける（用言）

5日目

実力完成テスト

自立語

＊解答と解説…別冊p.6
＊時　間……20分
＊配　点……100点満点

得点　　点

1

次の――線部の品詞に共通する文法上の性質を、それぞれあとから一つ選び、記号で答えなさい。〈3点×3〉

(1)
・何だか不思議な気持ちがする。
・かわいい子犬が寄ってきた。

ア　物の名前を表す　イ　性質・状態を表す
ウ　活用しない　エ　付属語である
〔　　〕

(2)
・テレビゲームばかりしていてはいけない。
・風邪《かぜ》がはやっているそうだ。

ア　付属語である　イ　活用しない
ウ　自立語である　エ　活用する
〔　　〕

(3)
・君たちは、よく似ているね。
・お札が新しいデザインになる。

ア　体言である　イ　活用しない
ウ　用言である　エ　動作を表す
〔　　〕

2

次の――線部を自立語と付属語に分け、それぞれ記号で順に答えなさい。〈完答4点×3〉

(1) アの今日　イの　ウ晩ご飯　は、カレー　エだ。

自立語〔　　〕　付属語〔　　〕

(2) 夜空　に　星　アが　イきらきら　ウ輝《かがや》い　エて　いる。

自立語〔　　〕　付属語〔　　〕

(3) アいったい　イどれ　を　選べ　ば　よい　ウか　エわから　ない。

自立語〔　　〕　付属語〔　　〕

3

次の各文の動詞の、活用の種類と活用形を答えなさい。〈3点×6〉

(1) 桜の花は、すっかり散った。
活用の種類〔　　〕　活用形〔　　〕

(2) 部屋が狭《せま》いので、居るところがない。
活用の種類〔　　〕　活用形〔　　〕

(3) 時間なのに、電車がまだ来ない。
活用の種類〔　　〕　活用形〔　　〕

4

次の――線部の連体修飾《しゅうしょく》語を、「迎《むか》えた」を修飾する連用修飾語に直して、全文を書きなさい。〈4点〉

・今日も、爽《さわ》やかな朝を迎えた。

〔　　〕

5 次の——線部の品詞名を、それぞれ漢字で書きなさい。〈3点×7〉

(1) あら、こんなところに花が咲《さ》いている。〔　　〕
(2) みごとな演技に拍手《はくしゅ》がわき起こった。〔　　〕
(3) 君ならもっと遠くに投げられるはずだ。〔　　〕
(4) しかし、そううまくはいかないだろう。〔　　〕
(5) このことは、あらゆる問題に当てはまる。〔　　〕
(6) 太宰治《だざいおさむ》の作品を読む。〔　　〕
(7) 母がいないときは、僕《ぼく》が料理をする。〔　　〕

6 次の——線部と品詞の異なるものを、それぞれあとから一つ選び、記号で答えなさい。〈4点×2〉

(1) 高い山に登る。
ア 足どりも軽く、山道を歩く。
イ 昨日は、とても楽しかったです。
ウ 正直に言ってくれて、ありがとう。
エ 試合に負けて、悔《くや》しい。〔　　〕

(2) いつも歩いて学校に行きます。
ア このごろ、ずいぶん暖かくなりました。
イ あの木がこんな大きな木になっていて、驚《おどろ》いた。
ウ 僕はもう決して泣かない。
エ もしよかったら、一緒《いっしょ》に帰りましょう。〔　　〕

7 次の——線部の品詞名をそれぞれあとから選び、記号で答えなさい。〈2点×8〉

(1) さあ、お入りください。〔　　〕
(2) 彼《かれ》は、口は悪い。でも、いいやつだ。〔　　〕
(3) 明日は、日曜日です。〔　　〕
(4) よく遊び、よく学べ。〔　　〕
(5) みんなで行ったら、さぞ楽しかろう。〔　　〕
(6) うん、そのとおりだよ。〔　　〕
(7) いろんな国の人々に、平和を呼びかける。〔　　〕
(8) 彼女《かのじょ》が幸福ならば、それでよい。〔　　〕

ア 動詞	イ 形容詞	ウ 形容動詞	エ 名詞
オ 副詞	カ 連体詞	キ 接続詞	ク 感動詞
ケ 助詞	コ 助動詞		

8 次の各文から用言を一つ、そのままの形で書き抜《ぬ》き、その活用形も書きなさい。〈2点×6〉

(1) その点では、あなたの考えは正しい。
用言〔　　〕 活用形〔　　〕
(2) テレビゲームの最新ソフトを買った。
用言〔　　〕 活用形〔　　〕
(3) なんて、穏《おだ》やかな天気だろう。
用言〔　　〕 活用形〔　　〕

6日目 文法 付属語

付属語の助詞・助動詞の、種類と用法を学習します。特に複数の意味をもつ助動詞「れる・られる」などの識別に注意しましょう。

基礎の確認 （解答▼別冊 p.7）

1 助詞

▼助詞は、**付属語**（それだけでは意味がわからない単語。）で、**活用しない**単語である。次の各文から、助詞を順に二つずつ書き抜《ぬ》きなさい。

(1) 車は、そこで急に止まった。 〔　　〕〔　　〕

(2) 遠くから、いろいろな音が聞こえる。 〔　　〕〔　　〕

2 助詞の種類

▼助詞は、**格助詞・接続助詞・副助詞・終助詞**の四種類に分けられる。次の――線部の助詞の種類を〔　〕に書きなさい。

(1) よく晴れているけれど、寒い。 〔　　助詞〕

(2) どんな音楽が好きなの。 〔　　助詞〕

(3) 台風で看板が倒《たお》れる。 〔　　助詞〕

(4) 図書館は午前九時に開く。 〔　　助詞〕

(5) 会場に二百人くらい集まった。 〔　　助詞〕

3 さまざまな助詞

▼次の各文の〔　〕に当てはまる助詞を、あとの［　］から選んで書きなさい。

(1) 見れば見る〔　　〕、すばらしい作品だ。

(2) 科学者になる〔　　〕が、僕《ぼく》の夢だ。

(3) 少し、庭〔　　〕遊んできなさい。

(4) 子供で〔　　〕知っている。

(5) 必ず、左右を確認し〔　　〕から、道を渡《わた》る。

(6) このことは誰《だれ》にも言う〔　　〕。

(7) 厚着をしすぎる〔　　〕、汗《あせ》が出てしまった。

(8) 重い荷物〔　　〕持って歩く。

(9) 十人を二人〔　　〕、五組に分ける。

(10) 歩き〔　　〕、話をしましょう。

を　ずつ　て　から　ながら
な　さえ　の　で　ほど

復習ガイド

■**助詞の見つけ方**

① 文節から自立語を除く。

② 残った付属語から、活用しないものを選ぶ。

例 私は／昨日／公園で／遊んだ。
―自立語
〰助動詞
＝助詞

■**助詞の種類**

格助詞　＝文節の関係を示す
接続助詞＝前後をつなぐ
副助詞　＝意味を添える
終助詞　＝気持ちや態度を表す

ミス注意 「は」は副助詞

「は」は、主語の文節に付くことがあるが、格助詞ではなく、副助詞である。

4 助動詞

▼**助動詞**は、**付属語**で、**活用する**単語である。次の各文から、助動詞を順に二つずつ書き抜きなさい。

(1) 知らないうちに、母は出かけてしまった。　（　　）（　　）

(2) 弟も、僕と一緒《いっしょ》に行きたいらしい。　（　　）（　　）

5 助動詞の意味

▼助動詞は、主に**自立語**（それだけで意味がわかる単語。）のあとに付いて、**意味を添《そ》えたり、話し手・書き手の判断を表したり**する。次の——線部の助動詞は、どんな意味で使われているか。それぞれあとから選び、記号で答えなさい。

(1) 白い建物が市役所だ。　（　　）

(2) 今別れたら、二度と会えまい。　（　　）

(3) ちょうど宿題が終わったところだ。　（　　）

(4) 妹にケーキを買いに行かせる。　（　　）

(5) 彼《かれ》は、あとから来るそうだ。　（　　）

(6) 明日から私は、早起きをしよう。　（　　）

(7) 去年、北海道に行った。　（　　）

ア 使役　**イ** 意志　**ウ** 過去

エ 断定　**オ** 完了《かんりょう》　**カ** 伝聞

キ 否定の推量

6 「れる・られる」の識別

▼「**れる・られる**」には、**受け身・可能・尊敬・自発**の四つの意味がある。次の——線部の意味をそれぞれあとから選び、記号で答えなさい。

(1) 虫のことなら何でも答えられる。　（　　）

(2) 友達に名前を呼ばれる。　（　　）

(3) お寺のご住職がゆっくりと歩かれる。　（　　）

(4) 故郷の山々が思い出される。　（　　）

ア 受け身（ほかから動作などを受ける意味）

イ 可能（〜できる、という意味）

ウ 尊敬（相手を敬う意味）

エ 自発（自然とそうなる、という意味）

7 「ようだ」の識別

▼次の——線部の「ようだ」の意味を、それぞれあとから選び、記号で答えなさい。

(1) 富士山《ふじさん》のような山を写生したい。　（　　）

(2) やっと、父が帰ってきたようだ。　（　　）

(3) 綿のような雲が空に浮《う》かぶ。　（　　）

ア 比喩《ひゆ》（似たものにたとえる意味）

イ 推定（根拠《こんきょ》に基づいて推しはかる意味）

ウ 例示（具体的に例を挙げる意味）

確認 「れる・られる」の識別

・「〜に〜される」と言い換《か》えられる→**受け身**

・「〜できる」と言い換えられる→**可能**

・「お（ご）〜になる」と言い換えられる→**尊敬**

・「自然に〜する」と言い換えられる→**自発**

くわしく 動詞の活用語尾《ごび》と助動詞「れる」の識別

ラ行下一段《しもいちだん》活用の動詞は終止形が「〜れる」となり、助動詞の「れる」と紛《まぎ》らわしい。「れる」を「ナイ」と入れ替《か》えて、意味が通らなければ動詞の活用語尾。

例 「思われる」→思わナイ○
→助動詞の「れる」
「暮《く》れる」→暮ナイ×
→動詞の活用語尾

■「ようだ」の識別

比喩（たとえ）＝前に「まるで」を補える。

推定＝「らしい」と言い換えられる。

例示＝前に「例えば」を補える。

6日目

付属語

実力完成テスト

＊解答と解説…別冊p.7
＊時　間……20分
＊配　点……100点満点

得点　　点

1

次の各文章から、助詞をそれぞれ〈　〉の数だけ、順に書き抜《ぬ》きなさい。（同じ助詞も数に数える。）〈完答3点×2〉

(1) メロスは、村の牧人である。笛を吹《ふ》き、羊と遊んで暮らしてきた。〈6〉

〔　　　　〕

(2) 支度《したく》のないのはお互《たが》いさまさ。わたしの家にも、宝といっては妹と羊だけだ。〈12〉

（(1)・(2)太宰治《だざいおさむ》「走れメロス」『現代日本の文学　太宰治集』〈学研〉より）

〔　　　　〕

2

次の各文の□a・bに当てはまる助詞を、それぞれあとの□から一つずつ選んで書きなさい。〈3点×6〉

(1) 曇《くも》っていても、雨[a]降らなけれ[b]、出かけます。　a〔　　〕　b〔　　〕

(2) 一人[a]で留守番をするなんて、さびしい[b]。　a〔　　〕　b〔　　〕

(3) 上[a]、木の実[b]葉っぱが落ちてきた。　a〔　　〕　b〔　　〕

と	きり	から	なあ
ば	さえ	も	は

3

次の各文の――線部の助詞と意味・用法が同じものを、それぞれあとから一つ選び、記号で答えなさい。〈4点×3〉

(1) 夕方になると、道路が渋滞《じゅうたい》する。

ア それを「文節」という。
イ ロシアと中国が反対した。
ウ ばったり出会った友人と、お茶を飲む。
エ 大雪が続くと、除雪が間に合わない。

〔　　〕

(2) 待っているのはつらいものだ。

ア 明日はどうしても行くの。
イ 私の書いた作文を読んでください。
ウ 若いというのはすばらしい。
エ ラーメン店の前に行列ができる。

〔　　〕

(3) 一週間ばかり、お休みします。

ア 来たばかりで、もう帰るのですか。
イ よそ見をしたばかりにドアにぶつかってしまった。
ウ 父は、休日は寝《ね》てばかりいる。
エ 途中《とちゅう》で少しばかり休憩《きゅうけい》した。

〔　　〕

4

次の各組の――線部の助動詞は、それぞれどのような意味をもつか。あとから一つずつ選び、記号で答えなさい。〈3点×11〉

(1)
① 先週は、季節外れの寒さだった。〔　〕
② 壁《かべ》にかかった絵を見る。〔　〕
③ 今帰ったところです。〔　〕
④ この傘《かさ》は君のだったね。〔　〕

ア 過去　イ 完了《かんりょう》　ウ 存続　エ 想起（確認）

(2)
① あの頃《ころ》がなつかしく感じられる。〔　〕
② 四歳《さい》の妹は、もう一人でパジャマを着られる。〔　〕
③ 先生は、日本各地を回られるそうだ。〔　〕
④ 強打者に大きいホームランを打たれる。〔　〕

ア 受け身　イ 可能　ウ 尊敬　エ 自発

(3)
① さあ、みんなで歌おう。〔　〕
② 次は、私が話そう。〔　〕
③ 今年の冬は、暖冬になるだろう。〔　〕

ア 意志　イ 推量　ウ 勧誘《かんゆう》

5

次の文の主語を「子供は」に変えて、同じく希望を表す文になるように、〔　〕に適切な言葉を入れなさい。〈5点〉

● 私は、毎日アニメ番組を見たい。
→ 子供は、毎日アニメ番組を見〔　　　〕。

6

次の各組の――線部のうち、一つだけ品詞の異なるものがある。それを選び、記号で答えなさい。〈4点×2〉

(1)
ア 早く寝ないと、明日起きられませんよ。
イ 資料がないので、とても困る。
ウ そんな手紙は、もう来ないと思う。
エ あまり高価な車で、手が届かない。
〔　〕

(2)
ア 子供らしい服装をしている。
イ 窓ガラスを割ったのは、どうも弟らしい。
ウ 川上《かわかみ》さんらしい人がやって来る。
エ 明日は、春一番の風が吹くらしい。
〔　〕

7

次の各文の――線部の助動詞の意味を、それぞれあとの［　］から選び、記号で答えなさい。〈3点×6〉

(1) 私が田中《たなか》さんをご紹介《しょうかい》します。〔　〕
(2) 話したことは、すべて本当のことだ。〔　〕
(3) 祖母は、妹によく肩《かた》をたたかせる。〔　〕
(4) 風の音が、まるで泣き声のようだ。〔　〕
(5) この分だと雪にはなるまい。〔　〕
(6) 結果は、明日発表されるそうだ。〔　〕

ア 使役	イ 断定	ウ 伝聞
エ 丁寧《ていねい》	オ 比喩《ひゆ》	カ 否定の推量

7日目

読解

文学的文章

文学的文章（小説文）の読解の学習です。場面の様子や話の展開に沿って、登場人物の心情をとらえるようにしましょう。

基礎の確認

（解答▼別冊 p.8）

■ 次の文章を読んで、下の問いに答えなさい。

（八歳《さい》の良平《りょうへい》は、村外れの工事現場へ毎日行くほど、土を運ぶトロッコを見るのが好きだった。ある日良平は、トロッコを押《お》す二人の土工《どこう》に、いっしょにトロッコを押すことを許された。）

そのうちに線路の勾配《こうばい》は、だんだん楽になり始めた。「もう押さなくともいい。」――良平は今にも言われるかと内心気がかりでならなかった。が、若い二人の土工は、前よりも腰《こし》を起こしたきり、黙々《もくもく》と車を押し続けていた。良平はとうとうこらえきれずに、□こんなことを尋《たず》ねてみた。

「いつまでも押していていい？」

「いいとも。」

二人は同時に返事をした。良平は「優《やさ》しい人たちだ」と思った。

五、六町《ちょう》（一町は約百九メートル）余り押し続けたら、線路はもう一度急勾配になった。そこには①両側のみかん畑に、黄色い実がいくつも日を受けている。

1 心情

▼□に当てはまる**副詞**を次から一つ選び、記号で答えなさい。

ア しみじみ　イ おずおず

ウ いらいら　エ くよくよ

（　　）

2 状況

▼――線部①「両側のみかん畑」とあるが、このあと周りの風景はどう変わっていったか。三字の言葉を二つ、順に書き抜きなさい。

□□□・□□□

3 表現

▼――線部②「みかん畑のにおいをあおりながら」と同じように、トロッコの走るスピードを感じさせる**表現**を、文章中から十二字で書き抜きなさい。

復習ガイド

■**心情を表す副詞**

人物の心情を、簡潔に表す副詞がある。空欄補充《くうらんほじゅう》問題では、文脈から心情をつかみ、的確なものを選ぶ。

例 うきうき　はらはら　おろおろ　おどおど

■**状況をとらえる**

「いつ・どこで・誰《だれ》が・何を」しているのかという場面の状《じょう》況《きょう》を、正しくつかみながら読み進む。

ここでは、良平が村から離れていっていることに注目。また、この移動に伴《ともな》って良平の気持ちも変化していく。風景の変化が、村から離《はな》れていくことを表している。

「登り道のほうがいい、いつまでも押させてくれるから。」

——良平はそんなことを考えながら、全身でトロッコを押すようにした。

　みかん畑の間を登りつめると、急に線路は下りになった。しまのシャツを着ている男は、良平に「やい、乗れ」と言った。良平はすぐに飛び乗った。トロッコは三人が乗り移ると同時に、②みかん畑のにおいをあおりながら、ひた滑《すべ》りに線路を走りだした。「押すよりも乗るほうがずっといい。」——良平は羽織《はおり》に風をはらませながら、あたりまえのことを考えた。「行きに押すところが多ければ、帰りにまた乗るところが多い。」——そうもまた考えたりした。

　竹やぶのある所へ来ると、③トロッコは静かに走るのをやめた。三人はまた前のように、重いトロッコを押し始めた。竹やぶはいつか雑木林《ぞうきばやし》になった。つま先上がりのところどころには、赤さびの線路も見えないほど、落ち葉のたまっている場所もあった。その道をやっと登りきったら、今度は高いがけの向こうに、広々と薄《うす》ら寒い海が開けた。と同時に良平の頭には、あまり遠く来すぎたことが、急にはっきりと感じられた。

　三人はまたトロッコへ乗った。車は海を右にしながら、雑木の枝の下を走っていった。しかし良平は④さっきのように、おもしろい気持ちにはなれなかった。

（芥川龍之介《あくたがわりゅうのすけ》「トロッコ」『現代日本の文学　芥川龍之介集』〈学研〉より）

4 文学的文章の表現技法

▼——線部③「トロッコは静かに走るのをやめた」に使われている**表現技法**を次から一つ選び、記号で答えなさい。

ア 擬人法《ぎじんほう》　**イ** 倒置《とうち》
ウ 体言止め　**エ** 省略

〔　　〕

5 心情の変化

▼——線部④「良平はさっきのように、おもしろい気持ちにはなれなかった」について、次の(1)・(2)の問いに答えなさい。

(1) 良平が「おもしろい気持ち」になれなかったのはなぜか。その理由を、文章中の言葉を使って二十字程度で答えなさい。

〔　　　　　　　　　　〕

(2) 良平の気持ちが大きく変化したきっかけが書いてある一文の、初めの七字を書き抜きなさい。

□□□□□□□

■いろいろな表現技法
・**比喩《ひゆ》**＝あるものの様子をほかのものにたとえる。直喩・隠喩《いんゆ》・擬人法などがある。
・**倒置**＝語順を逆にする。
・**体言止め**＝文末を体言で終わらせる。
・**省略**＝語句を省略する。

■心情のとらえ方
①**直接的な表現をつかむ**
「うれしい・悲しい」などの気持ちを表した言葉に注目する。
②**態度（様子）・言動を表す表現を押《お》さえる**
「肩《かた》を落とす」などは、がっかりする様子を表す。
③**会話に注意する**
「ああ。」「行こう。」などの会話は、心情をとらえる手がかりとなる。
④**情景描写《びょうしゃ》に注目する**
情景描写には、心情が暗示されていることが多い。

くわしく 暗示表現
例えば上の文章の「広々と薄ら寒い海」という情景描写には、家から遠く離れてしまったという良平の不安な気持ちが暗示されている。

7日目

文学的文章

実力完成テスト

＊解答と解説…別冊p.8
＊時　間……20分
＊配　点……100点満点

得点　　点

1 次の文章を読んで、あとの問いに答えなさい。

〔メロスが日没《にちぼつ》までに戻《もど》らなければ、王は人質《ひとじち》の友人を殺すと言った。その友人を救うためにメロスは走るが、多くの困難に遭《あ》い、疲労《ひろう》のあまり倒《たお》れ、戻ることを諦《あきら》めそうになった。〕

正義だの、信実だの、愛だの、考えてみれば、くだらない。人を殺して自分が生きる。それが人間世界の定法《じょうほう》ではなかったか。ああ、何もかも、ばかばかしい。私は、醜《みにく》い裏切り者だ。どうとも、勝手にするがよい。①やんぬるかな。——四肢《しし》を投げ出して、うとうと、まどろんでしまった。

ふと耳に、せんせん、水の流れる音が聞こえた。そっと頭をもたげ、息をのんで耳を澄《す》ました。すぐ足元で、水が流れているらしい。よろよろ起き上がって、見ると、岩の裂《さ》け目からこんこんと、何か小さくささやきながら清水《しみず》が湧《わ》き出ているのである。その泉に吸い込《こ》まれるようにメロスは身をかがめた。水を両手ですくって、一口飲んだ。ほうと長いため息が出て、②夢から覚めたような気がした。歩ける。行こう。肉体の疲労回復とともに、わずかながら希望が生まれた。義務遂行《すいこう》の希望である。我が身を殺して、名誉《めいよ》を守る希望である。③斜陽《しゃよう》は赤い光を、樹々《きぎ》の葉に投じ、葉も枝も燃えるばかりに輝《かがや》いている。日没までには、まだ間《ま》がある。私を、待っている人があるのだ。少しも疑わず、静かに期待してくれている人があるのだ。私は、信じられている。私の命なぞは、問題ではない。死んでおわび、などと気のいいことは言っておられぬ。私は、信頼《しんらい》に報いなければならぬ。今はただその一事《いちじ》だ。走れ！　メロス。

（太宰治《だざいおさむ》「走れメロス」『現代日本の文学　太宰治集』〈学研〉より）

(1) ——線部①「やんぬるかな。」に込められているメロスの心情として最も適切なものを次から選び、記号で答えなさい。〈10点〉

ア　不安　　イ　怒《いか》り　　ウ　恐《おそ》れ　　エ　やけ　〔　　〕

(2) ——線部②「夢」とは、どのような気持ちだったことを言っているか。文章中の言葉を使って、簡潔に説明しなさい。〈16点〉

〔　　〕

(3) ——線部③「斜陽は……輝いている。」は、メロスのどのような心情を暗示しているか。最も適切なものを次から選び、記号で答えなさい。〈12点〉

ア　望みが生まれた高ぶり。　　イ　時間がないことへの焦《あせ》り。
ウ　卑劣《ひれつ》な王への怒り。　　エ　人質の友人に対する感謝。　〔　　〕

(4) 擬人法《ぎじんほう》が使われている一文を探し、初めの五字を書き抜《ぬ》きなさい。〈12点〉

2 次の文章を読んで、あとの問いに答えなさい。

〔中学生の「僕《ぼく》」は、自分を、成績が悪く、特技もない「全くとりえのない生徒」で、意地汚《きたな》いところのある「全く人好きのしないやつ」だと思っている。〕

僕はまた、あの不良少年というもので **A** なかった。朝礼の後などに、時々服装検査というものが行われ、ポケットの中身を担任の先生に調べられるのだが、他《ほか》の連中は、タバコの粉や、喫茶店《きっさてん》のマッチや、けんかの武器になる竹刀《しない》のツバを削《けず》った道具や、そんなものが見つかりはしないかと心配するのに、僕ときたら同じ **B** するのでも、全くタネが違《ちが》うのだ。僕のポケットからは、折れた鉛《えん》筆《ぴつ》や零点《れいてん》の数学の答案に交じって、白墨《はくぼく》の粉で汚《よご》れた古靴下《ふるくつした》、パンの食いかけ、ハナくそだらけのハンカチ、そういった種類の思いがけないものばかりが、ひょいひょいと飛び出して、担任の清川《きよかわ》先生や僕自身を驚《おどろ》かせるのだ。

そんな時、①清川先生はもう怒《おこ》りもせず、分厚い眼鏡の奥《おく》から冷たい眼《め》つきでジッと僕の顔を見る。すると僕は、くやしい気持ちにも、悲しい気持ちにも、なることができず、ただ心の中をカラッポにしたくなって、眼をそらせながら、②（まアいいや、どうだって）と、つぶやいてみるのである。

教室でも僕は、他の予習をしてこなかった生徒のようにソワソワと不安がりはしなかった。どうせ僕に当てたってできっこないと思っているので、先生は、めったに僕に指名したりはしない。しかし、たまに当てられると僕は必ず立たされた。教室にいては邪魔《じゃま》だというわけか、しばしば廊下《ろうか》に出されて立たされることもあった。けれども僕は、教室の中にいるよりは、かえって誰《だれ》もいない廊下に一人で出ている方が好きだった。たまたまドアの内側で、先生がおもしろい冗談《じょうだん》でも言っているのか、級友たちの「ワッ」という笑い声の上がったりするのが気になることはあったけれど……。そんな時、僕は窓の外に眼をやって、やっぱり、（まアいいや、どうだって）と、つぶやいていた。

（安岡章太郎《やすおかしょうたろう》「サアカスの馬」『現代日本の文学　安岡章太郎・遠藤周作《えんどうしゅうさく》集』〈学研〉より）

(1) **A** に当てはまる助詞を次から選び、記号で答えなさい。〈5点〉

ア だけ　イ しか　ウ さえ　エ ほど　〔　　〕

(2) **B** に当てはまる語を次から選び、記号で答えなさい。〈5点〉

ア ビクビク　イ メソメソ　ウ ジリジリ　エ クヨクヨ　〔　　〕

(3) ——線部①「清川先生はもう怒りもせず」とあるが、清川先生のこのときの気持ちを次から選び、記号で答えなさい。〈12点〉

ア 「僕」を温かく見守ろうとする気持ち。
イ 「僕」にあきれ、軽蔑《けいべつ》する気持ち。
ウ 「僕」を理解できず、戸惑《とまど》っている気持ち。
エ 「僕」に驚き、圧倒《あっとう》される気持ち。
〔　　〕

(4) ——線部②「まアいいや、どうだって」とはどういう思いか。次の文の□に当てはまる言葉を文章中から書き抜きなさい。〈8点×2〉

●どうせ□なんか、□□□にどう思われたってかまわない。

(5) 「僕」が、本当は、今の自分の状況《じょうきょう》を寂《さび》しく思っていることがわかる一文を文章中から探し、初めの四字を書き抜きなさい。〈12点〉

□□□□

説明的文章

説明的文章（論説文）の読解の学習です。指示語や接続語に注意しながら、文章の流れ、筆者の考え・主張をつかむようにしましょう。

基礎の確認 〔解答▶別冊 p.9〕

■ 次の文章を読んで、下の問いに答えなさい。

宮崎《みやざき》県の幸島《こうじま》は周囲四キロの小島である。小島だが、亜《あ》熱帯《ねったい》性の原生林に覆《おお》われた見事な森の島である。周囲は海に囲まれているが、群れのサルは決して海に入らなかった。［　］、私たち人間と接し餌《えさ》をもらうようになってから、浅い海にこぼれた餌に釣《つ》られて、子ザルが海に入るようになった。夏は海に入ると気持ちがよいので、岩から跳《と》びこんで海水浴をして楽しむ子ザルも現れた。泳ぐという行動は生まれつき持っていて、いったん海へ入れば誰《だれ》でも泳ぐことができる。しかし、この群れは海へは入らない、という文化を持っていたのだ。そのしきたりを子どもが破り、大方《おおかた》のサルが海に入るようになった。

カミナリはピーナツが大の好物である。これだけは断固独占《どくせん》したい。カミナリを海へ入れてみようと海岸の岩に連れてゆき、目の前の海にピーナツを投げた。

1 接続語

▼［　］に当てはまる接続語を次から一つ選び、記号で答えなさい。

ア だから　イ なぜなら　ウ しかし　エ そのうえ

〔　　〕

2 段落の関係

▼第三段落（「この光景を……つけているからだ。」）は、第二段落に対してどんな関係になっているか。最も適切なものを次から選び、記号で答えなさい。

ア 第二段落を踏《ふ》まえて考えを述べようとしている。
イ 第二段落の例に加えて同様の例を挙げている。
ウ 第二段落から転じて、新たな話題を提示している。
エ 第二段落の例への反論となる考えを述べている。

〔　　〕

復習ガイド

■**接続語のとらえ方**
空欄《くうらん》に接続語を補充《ほじゅう》する問題では、空欄の前後の内容を押《お》さえ、前後がどんな関係にあるかをつかむ。

確認 **接続語の種類**
- **順接**……だから・そこで・したがって
- **逆接**……しかし・けれども・ところが
- **並立・累加《るいか》**……また・及《およ》び・そのうえ・それから
- **対比・選択《せんたく》**……または・あるいは・それとも
- **説明・補足**……つまり・なぜなら・ただし
- **転換《てんかん》**……さて・ところで・では

■**事実と意見の見分け方**
各文が、事実（具体例など）を述べているのか、筆者の考

彼《かれ》は手を伸《の》ばして取ろうとするが、決して海へは入らない。手がぬれることさえいやなのだ。子どもたちはピーナツを見てつぎつぎに海へ跳びこみ、泳ぎながら拾って食べるのを、カミナリはいまいましそうに見ているだけだ。

この光景を見ていて、①私はぐっと胸にくるものがあった。何が創造力を動かしていくかについて、考えさせられたのである。カミナリは私が知っているリーダーの中では最もすぐれた、いわば名君と言ってもよいリーダーである。しかし、非常に保守的でイモ洗いなどの新しい行動型はすべて身につけない。②これは年寄ったサルに共通の性質である。一方、新しい行動を開発していくのは、少年少女期の若いサルたちである。つまり、彼らは③今までのしきたりにとらわれない柔軟《じゅうなん》さを身につけているからだ。

カミナリにすれば、海は危険だから入ってはならない、という習慣を身につけてきた。若い者が甘《あま》い餌に釣られて海へ入るとは、なんと愚《おろ》かな行為だと思っているだろう。一方、若者たちは、海へ入れば気持ちがよいしピーナツも拾えるのに、なんという頑固《がんこ》なおやじだろうと小馬鹿《こばか》にしているだろう。

（河合雅雄《かわいまさを》「若者が文化を創造する」『子どもと自然』〈岩波新書〉より）

3 理由

▼——線部①「私はぐっと胸にくるものがあった」とあるが、筆者はなぜそういう気持ちになったのか。次の□に当てはまる言葉を、文章中から書き抜《ぬ》きなさい。

● ［　　　　　　］の［　　　］が、創造力を動かしていく、ということを考えさせられたから。

4 指示内容

▼——線部②「これ」は、どのような性質を指しているか。最も適切なものを次から選び、記号で答えなさい。

ア イモ洗いなどの新しい行動をすぐ行う性質。
イ リーダー的な行動をとる性質。
ウ 保守的で、新しい行動型は身につけない性質。
エ 若者の創造力をかきたててやる性質。

〔　　〕

5 キーワード

▼——線部③「今までのしきたり」とは、ここではどのようなものか。具体的に表している部分を文章中から二十一字で探し、書き抜きなさい。（読点も字数に含める。）

［　　　　　　　　　　　　　　　　　　　　　］

えを述べているのかをつかむために、文末表現に着目する。

・**事実**……「〜だ。」「〜た。」「〜である。」など
・**意見**……「〜ではないだろうか。」「〜と思う。」「〜すべきである。」など

くわしく 段落相互《そうご》の関係

段落相互の関係には、大まかに次のようなものがある。

・**原因と結果**　（事実）—（事実）
・**例と説明**　（事実）—（考え）
・**並立・累加**　（事実）—（事実）　（考え）—（考え）

■**指示語の指す内容**

指示語は、原則として前の言葉や内容を指している。指示内容と思われる言葉や内容を指示語に当てはめて、意味が通るかを確かめる。

■**キーワードに注意**

繰《く》り返されている言葉、言い換《か》えられて出てくる同様の意味の言葉に注目する。ここでは、「文化」「しきたり」「習慣」が同様の意味で使われ、文章の中で、重要な意味をもつ言葉だと推測できる。

実力完成テスト

＊解答と解説…別冊p.9
＊時　間………20分
＊配　点………100点満点

得点　　点

1 次の文章を読んで、あとの問いに答えなさい。

地球が丸いということは、だれでも知っています。でも、完全な球からどのくらいちがっているかを知っている人は、それほどは多くないでしょう。

地球の形を測る方法はいろいろあります。昔は地表を測量していくのがふつうでした。しかし、いまでは人工衛星の飛びかたをくわしく調べることによって、地球の正確な形を調べるのが、地球の形をいちばん正確に知る手段です。

地球の引力は、場所によって少しずつちがいます。人工衛星も月も①この引力を受けて飛んでいます。つまり、飛んでいるときに生まれる遠心力と地球の引力がつりあった高さを飛んでいるわけです。

人工衛星は、引力がちがうところでは、飛んでいる高さ、つまり地球からの距離《きょり》がほんのわずか変わります。一方、わずかですが、地球が出っぱっているところや引っこんでいるところで引力はちがいます。だから、②人工衛星の飛びかたを正確に調べることによって地球の形がわかるのです。

こうやって調べてみると、地球の中心から赤道までの距離は、地球の中心から北極や南極までの距離よりも二〇キロメートルほど長かったのです。□地球は球を北極と南極から押《お》して少しつぶれた形をしているのです。おおげさにいえば、地球の形はカボチャの形なのです。地球の半径は赤道で約六三七八キロありますから、③出っぱりぶんは地球の半径の約三〇〇分の一になります。

（島村英紀《しまむらひでき》「地球の形」『地球がわかる50話』〈岩波ジュニア新書〉より）

(1) ――線部①「この引力」とはどのような引力を指すか。文章中の言葉を使って、十五字以上二十字以内で答えなさい。（句読点も字数に含《ふく》める。）〈14点〉

(2) ――線部②「人工衛星の飛びかたを正確に調べる」とあるが、具体的には何を調べるのか。次の□に当てはまる言葉を、文章中からそれぞれ漢字二字で書き抜《ぬ》きなさい。〈8点×2〉

●人工衛星の、□□からの□□。

(3) □に当てはまる言葉を次から選び、記号で答えなさい。〈10点〉

ア つまり　**イ** また
ウ なぜなら　**エ** けれども
〔　　〕

(4) ――線部③「出っぱりぶん」とは、どのくらいの長さか。文章中から十字で書き抜きなさい。〈10点〉

2 次の文章を読んで、あとの問いに答えなさい。

もう一つ日本語の社会の特徴《とくちょう》がある。それは、人の移動の少ない、狭《せま》い人間関係の中で人々が生活してきたので、人は事実をすみずみまで明確に表現するよりも、自分の相手となる人の気持ちに遠慮《えんりょ》し気がねをする。①相手の気持ちをそこねまいとすることのほうを大事にする。いかに事実をはっきり伝えるかというよりも、いかにして相手にいやに思われずにすませるかに細かい神経を使うという面がある。

現代の英語やドイツ語ならば、主語と述語を応じ合うように表現することが文を成り立たせるもっとも根本的な型である。②それに対して、日本人は相手に対する心づかいを重要とする。文脈上、相手の知っていそうなことは省略していわないということもその一つの現れである。「あの本、どうした？」と聞かれたときに、③「読んじゃった」とだけ答える。話題が「あの本」に関することはもう分かっている。とすれば、それはくり返さない。それで十分通ずる。誰《だれ》に聞かれても分かるという表現をするよりも、我と汝《なんじ》との間柄《あいだがら》だから分かるという言い方を重んじる。この相手なら、すでに分かっているはずと思われることは省略する。英語でもドイツ語でも、日記を書く場合には「私」(I《アイ》, ich《イッヒ》)という主語を書かないという。また非常に親しい相手に手紙を書くときには、動詞の主語になる「私」をやはり書かないことがあるという。先に見たように、日本人はしばしば主語を省略した表現をする。つまり、英語やドイツ語を話す人たちならば［a］間柄ではじめて成立することを、日本人はいつでも［b］人のあいだで成立させているのだともいえるのではないか。

（大野晋《おおのすすむ》『日本語の文法を考える』〈岩波新書〉より）

---

(1) ——線部①「相手の気持ちをそこねまいとすることのほうを大事にする。」とあるが、どんなことと比べて、相手の気持ちのほうを大事にするのか。文章中の言葉を使って、答えなさい。〈10点〉

〔　　　　〕

(2) ——線部②「それ」とはどのようなことを指しているか。文章中から、二十字以内で書き抜きなさい。〈10点〉

(3) ——線部③「読んじゃった」を、……線部「誰に聞かれても分かるという表現」に直すと、どうなるか。答えなさい。〈10点〉

〔　　　　〕

(4) ［　］a・bに当てはまる言葉を次からそれぞれ選び、記号で答えなさい。〈5点×2〉

ア 普通《ふつう》の　イ 肉親の
ウ 知らない　エ 非常に親しい

a〔　〕　b〔　〕

(5) あとの段落は、前の段落に対してどのような関係か。最も適切なものを次から選び、記号で答えなさい。〈10点〉

ア 前の段落で挙げた「特徴」に、さらにもう一つ加えている。
イ 前の段落の内容を、具体例を挙げて説明している。
ウ 前の段落の内容とは逆の内容を、反論として述べている。
エ 前の段落でした問いかけに、答えている。

〔　〕

9日目

読解

詩・短歌

詩・短歌では、作者の思いや気持ちをつかむとともに、表現技法の理解も重要です。特に、短歌の形式をよく理解しましょう。

基礎の確認

（解答▼別冊 p.10）

■次の詩を読んで、下の問いに答えなさい。

ある日ある時

黒田三郎《くろださぶろう》

秋の空が青く美しいという
ただそれだけで
何かしらいいことがありそうな気のする
そんなときはないか
空高く噴《ふ》き上げては
むなしく地に落ちる噴水《ふんすい》の水も
わびしく梢《こずえ》をはなれる一枚の落葉《おちば》さえ
何かしら喜びに踊《おど》っているように見える
そんなときが

（『黒田三郎詩集　現代詩文庫第1期6』〈思潮社〉より）

〈①〜⑨は行番号〉

1 詩の分類

▼この詩を**用語**と**形式**で分類すると、どうなるか。次から一つ選び、記号で答えなさい。

ア 文語定型詩　イ 文語自由詩

ウ 口語定型詩　エ 口語自由詩

〔　　〕

2 詩の表現技法

▼詩の中で、**省略**（語句を省略する。）が用いられている一行を、行番号で答えなさい。

〔　　〕

3 詩の主題

▼この詩の**主題**として最も適切なものを次から選び、記号で答えなさい。

ア 人生のはかなさ　イ 人生の小さな喜び

ウ 自然の移り変わり　エ 秋の空の美しさ

〔　　〕

復習ガイド

■詩の分類のしかた

詩は、用語、形式、内容により、次のように分類される。

①用語

文語詩＝文語体（昔の文章語）で書かれた詩。

口語詩＝口語体（現代の言葉）で書かれた詩。

②形式

定型詩＝各行の音数や、各連の行数が決まっている詩。（七五調、五七調など）

自由詩＝音数や行数に決まりのない詩。

散文詩＝散文（普通《ふつう》の文章）のように書かれた詩。

③内容

叙情詩《じょじょう》＝感情の表現が中心。

叙景詩＝風景を表現することが中心。

叙事詩＝歴史上の出来事や伝説を、物語風に詠《よ》んだ詩。

次の短歌を読んで、下の問いに答えなさい。

A　くれなゐ《(イ)》の二尺伸《の》びたる薔薇《ばら》の芽の針やは《(ワ)》らかに春雨《はるさめ》のふる　正岡子規《まさおかしき》

B　白鳥《しらとり》はかなしからずや空の青海のあを《(オ)》にも染まずただよふ《(ウ)》　若山牧水《わかやまぼくすい》

C　のど赤き玄鳥《つばくらめ》ふたつ屋梁《はり》にゐ《(イ)》て足乳根《たらちね》の母は死にたまふ《(モウ)》なり　斎藤茂吉《さいとうもきち》

D　観覧車回れよ回れ想《おも》ひ《(イ)》出《で》は君には一日《ひとひ》我には一生《ひとよ》　栗木京子《くりききょうこ》

E　「寒いね」と話しかければ「寒いね」と答える人のいるあたたかさ　俵万智《たわらまち》

4 字余り

▼字余りの短歌を一つ選び、記号で答えなさい。〔　〕

「音数が、原則の三十一音より多いもの。」

5 句切れ

▼二句切れの短歌を二つ選び、記号で答えなさい。〔　・　〕

6 短歌の表現技法

▼体言止めが用いられている短歌を二つ選び、記号で答えなさい。〔　・　〕

7 鑑賞《かんしょう》文

▼次の①～⑤の鑑賞文は、A～Eの短歌のどれに当てはまるか。それぞれ記号で答えなさい。

① 何気ない言葉のやりとりが生む空気を、自然な口語で歌っている。〔　〕

② 生き物の生命力が印象的に表現され、それとは対照的な作者の深い悲しみが伝わってくる。〔　〕

③ 心の弾《はず》みとその反面の不安とが、繰《く》り返しの言葉で表された恋《こい》の歌である。〔　〕

④ 作者の孤独《こどく》が、広大な背景と、りんとした色彩《しきさい》の対照により伝わってくる。〔　〕

⑤ 若い命のみずみずしさと春のしっとりとした感じが、軽《かろ》やかなリズムで歌われている。〔　〕

■句切れとは

意味の流れが切れるところが句切れ。

確認 句切れの種類

五・七・五・七・七の五句のどこで切れるかで、初句切れ、二句切れ、三句切れ、四句切れという。途中《とちゅう》に句切れのない、句切れなしの短歌もある。

■体言止めの効果

結句《けっく》（第五句）や句切れを体言（名詞）で止めることで、余韻《よいん》を残す効果がある。

ミス注意 意味のまとまりをとらえる

Cは「のどの赤いつばめが二羽、屋梁にいて」と第三句まで一続きの短歌。「～ふたつ」では、切れない。

■鑑賞文のとらえ方

・短歌と通じるキーワードがないか。
・故郷の歌、青春（恋）の歌、肉親の歌など、どんな分野の短歌として評しているか。

などをポイントに、当てはまる短歌を見つける。

＊解答と解説…別冊p.10
＊時　間……20分
＊配　点……100点満点

得点　　点

1　次の詩を読んで、あとの問いに答えなさい。

虹《にじ》の足

吉野《よしの》　弘《ひろし》

雨があがって
雲間から
①乾麺《かんめん》みたいに真直《まっすぐ》な
陽射《ひざ》しがたくさん地上に刺《さ》さり
行手《ゆくて》に榛名山《はるなさん》が見えたころ
山路を登るバスの中で見たのだ、虹の足を。
眼下にひろがる田圃《たんぼ》の上に
②虹がそっと足を下ろしたのを！
野面《のづら》にすらりと足を置いて
虹のアーチが軽《かろ》やかに
すっくと空に立ったのを！
その虹の足の底に
小さな村といくつかの家が
すっぽり抱《だ》かれて染められていたのだ。
それなのに
家から飛び出して虹の足にさわろうとする人影《ひとかげ》は見えない。
――おーい、③君の家が虹の中にあるぞオ
乗客たちは頬《ほお》を火照《ほて》らせ
野面に立った虹の足に見とれた。
多分、あれはバスの中の僕《ぼく》らには見えて
村の人々には見えないのだ。
そんなこともあるのだろう
他人には見えて
自分には見えない幸福の中で
格別驚《おどろ》きもせず
幸福に生きていることが――。

（『吉野弘詩集』〈ハルキ文庫〉より）

---

(1)　――線部①「乾麺みたいに真直な」、②「虹がそっと足を下ろした」に使われている表現技法を、次からそれぞれ一つ選び、記号で答えなさい。〈5点×2〉

ア　直喩《ちょくゆ》（明喩）　**イ**　隠喩《いんゆ》（暗喩）　**ウ**　擬人法《ぎじんほう》
エ　倒置《とうち》　**オ**　体言止め

①〔　　〕　②〔　　〕

(2)　――線部③「君の家が虹の中にある」とはどのような情景か。それが描《えが》かれた一続きの三行を探し、初めの四字を書き抜《ぬ》きなさい。〈10点〉

(3)　この詩の主題として最も適切なものを次から選び、記号で答えなさい。〈10点〉

ア　日本の美しい田園風景に出会えたことに対する喜び。
イ　他人ほど幸福ではないと思っている、多くの人々の悲しみ。
ウ　どんなに美しいものにも無感動な人がいることへの驚き。
エ　幸福な中で気づかずに生きていることがあるという発見。

〔　　〕

2 次の短歌を読んで、あとの問いに答えなさい。

A なにとなく君に待たるるここちして出《い》でし花野の夕月夜《ゆふづくよ》（ウ）かな　与謝野晶子《よさのあきこ》

B 不来方《こずかた》のお城の草に寝《ね》ころびて
空に吸は《（ワ）》れし
十五の心　石川啄木《いしかわたくぼく》

C 春の鳥な鳴きそ鳴きそあかあかと外《と》の面《も》の草に日の入《い》る夕《ゆふべ》（ウ）　北原白秋《きたはらはくしゅう》

D 白き虚空《こくう》とどまり白き原子雲そのまぼろしにつづく死の町　近藤芳美《こんどうよしみ》

E 逆立ちしておまへ《（エ）》がおれを眺《なが》めてたたつ《（ツ）》た一度きりのあの夏のこと　河野裕子《かわのゆうこ》

---

(1) Aの短歌に「出でし花野」とあるが、作者はなぜ、「花野」に出たのか。現代語で簡潔に答えなさい。〈8点〉

〔　　〕

(2) Bの短歌の「空に吸はれし」から感じられる作者の気持ちはどのようなものか。次から一つ選び、記号で答えなさい。〈5点〉〔　　〕

ア 絶望　イ 達成感
ウ 不安　エ 解放感

(3) Cの短歌は何句切れか。答えなさい。〈5点〉〔　　〕

(4) Dの短歌は、原則の音数よりも多いが、このようなものを何というか。答えなさい。〈7点〉〔　　〕

(5) Eの短歌に使われている表現技法を次から一つ選び、記号で答えなさい。〈5点〉〔　　〕

ア 擬人法　イ 体言止め
ウ 直喩（明喩）　エ 省略

(6) 次の①〜⑤の鑑賞《かんしょう》文は、A〜Eの短歌のどれに当てはまるか。それぞれ記号で答えなさい。〈8点×5〉

① 色彩《しきさい》も音もない一瞬《いっしゅん》からその異常さが伝わってくる。
② 繰《く》り返しの言葉と、鮮《あざ》やかな色が叙情性《じょじょうせい》を強めている。
③ 憧《あこが》れに浸《ひた》っていた少年の頃《ころ》をなつかしんでいる。
④ 恋《こい》する心は、さらに秋草の美しさに誘《さそ》われていくようだ。
⑤ 歴史的仮名遣《かなづか》いと口語調とが不思議な世界を生んでいる。

①〔　　〕②〔　　〕③〔　　〕④〔　　〕⑤〔　　〕

10日目 古典

読解

古文、漢文の基礎《きそ》を学習します。歴史的仮名《かな》遣《づか》いの読み方、古語の意味、漢詩の形式、漢文訓読の決まりなどを押《お》さえましょう。

基礎の確認

（解答▼別冊 p.11）

■ 次の文章を読んで、下の問いに答えなさい。

春はあけぼの。①やうやう《だんだんと》白くなりゆく山ぎは《空の、山に接するように見える辺り》、すこしあかりて、紫《むらさき》だちたる雲のほそくたなびきたる。

②夏は夜。月のころはさらなり、やみも③なほ《やはり》、蛍《ほたる》の多く飛びちがひたる。また、ただ一つ二つなど、ほのかにうち光りて行くも④をかし。雨など降るもをかし。

秋は夕暮れ。夕日のさして山の端《は》《山の、空に接する部分》いと近《ちか》うなりたるに、烏《からす》の寝《ね》どころへ行くとて、三《み》つ四《よ》つ、二つ三つなど、飛びいそぐさへ⑤あはれなり。まいて雁《かり》などのつらねたるが、いと小さく見ゆるはいとをかし。日入りはてて、風の音《おと》、虫の音《ね》など、はたいふべきにあらず。

冬は⑥つとめて。雪の降りたるはいふべきにもあらず、霜《しも》のいと白きも、またさらでもいと寒きに、火など急ぎおこして、炭もて渡《わた》るもいとつきづきし《似つかわしい》。昼になり

1 歴史的仮名遣い

▼―線部①「やうやう」、③「なほ」、④「をかし」の読み方を現代仮名遣いに直して書きなさい。

① 〔　　〕
③ 〔　　〕
④ 〔　　〕

2 古語の意味

▼―線部⑤「あはれなり」、⑥「つとめて」のここでの意味として適切なものを、それぞれ次から選び、記号で答えなさい。

⑤ ア かわいそうだ　イ 趣深《おもむきぶか》い　ウ なつかしい　エ 不思議だ 〔　　〕

⑥ ア 冷たさ　イ 翌朝　ウ 早朝　エ 夕方 〔　　〕

復習ガイド

■歴史的仮名遣い（古文の仮名遣い）の直し方

① 語頭以外のハ行→わ・い・う・え・お
例 言ふ→言う

② ゐ・ゑ・を→い・え・お
例 まゐる→まいる

③ ぢ・づ→じ・ず
例 はぢ→はじ（恥）

④ くわ・ぐわ→か・が
例 くわじ→かじ（火事）

⑤ 母音がau・iu・eu・ou→ô・yû・yô・ô
例 かやう（yau）→かよう（yô）
かなしう（siu）→かなしゅう（syû）

ミス注意 現代語と似ているが、意味が異なる古語

「あはれなり」は、現代語の「かわいそうだ」とは異なる意味で使われることが多い。

て、ぬるくゆるびもていけば、火桶《ひをけ》の火も白き灰がちになりてわろし。

（『枕草子《まくらのそうし》』より）

■ 次の漢詩を読んで、下の問いに答えなさい。

*春暁《しゅんげう》　　孟浩然《まうかうねん》

春眠不《ず》レ覚エレ暁ヲ
*処処聞ク*啼鳥ヲ
*夜来風雨ノ声
花落ツルコト知ル*多少

【書き下し文】

春眠暁《しゅんみんあかつき》を覚えず
処処啼鳥《しょしょていてう》を聞く
夜来《やらい》風雨の声
花落つること知る多少

*春暁＝春の夜明け方。
*啼鳥＝鳥のさえずる声。
*多少＝どれほど。
*処処＝あちらこちら。
*夜来＝昨夜以来。

3 述語の省略

▼——線部②「夏は夜」のあとに省略されている述語は何か。文章中から三字で書き抜きなさい。

[　　　]

4 漢詩の形式

▼この漢詩の形式を次から選び、記号で答えなさい。

ア 五言絶句《ごごんぜっく》　イ 七言絶句《しちごん》
ウ 五言律詩　エ 七言律詩

〔　　〕

5 漢詩の構成

▼前半の明るい雰囲気《ふんいき》から、場面が転換《てんかん》するのは第何句か。漢数字で書きなさい。

第〔　　〕句

6 作者の心情

▼詩の後半から、作者がどんなことを気にしていることがわかるか。「ということ。」に続くように書きなさい。

〔　　　　　　　　〕ということ。

7 返り点

▼——線部の書き下《くだ》し文に合うように、次の訓読文に返り点を付けなさい。

漢文の原文（白文）に、訓点を補った文。

「漢字の左下に付け、読む順序を示す。」

〔聞ク啼鳥ヲ〕

■省略されている語を補う

古文では言葉の省略が多い。解釈《かいしゃく》するときには、前後の文脈から判断し、主語（動作主）、述語（繰《く》り返し出てくる言葉など）、助詞「は・が・を・の」などを補って考える。

■漢詩の形式

一句の字数と句数によって、次のように分類される。

句数＼字数	五字	七字
四句	五言絶句	七言絶句
八句	五言律詩	七言律詩

くわしく 絶句の構成

- 第一句→**起句**《きく》＝うたい起こす
- 第二句→**承句**《しょうく》＝起句を承《う》けて展開
- 第三句→**転句**《てんく》＝一転させる
- 第四句→**結句**《けっく》＝まとめて結ぶ

確認 返り点

- **レ点**＝下の字を先に読む。

例 有レリ株。（株有り。）

- **一・二点**＝二字以上を隔《へだ》てて上に返って読む。

例 好ム二学問ヲ一。（学問を好む。）

くわしく 書き下し文

訓読文を訓点（句読点・送り仮名・返り点）に従って、訓読したとおりに書いた文。日本語の助詞・助動詞に当たる語は平仮名で書く。

実力完成テスト

*解答と解説…別冊p.11
*時間……20分
*配点……100点満点

得点　　点

1

次の文章を読んで、あとの問いに答えなさい。

*高名《かうみやう》の木登りと言ひしを*のこ、人を*おきてて、高き木に登せて①こずゑを切らせしに、いと②危《あや》ふく見えしほどは言ふこともなくて、降るる時に、*軒丈《のきたけ》ばかりになりて、

「過《あやま》ちすな。心して降りよ。」

と言葉をかけはべりしを、

「かばかりになりては、飛び降るとも降りなん。いかにかく言ふぞ。」

と申しはべりしかば、

「そのことに候《さうら》ふ。*目くるめき、枝危ふきほどは、己《おのれ》が恐《おそ》れはべれば申さず。過ちは、やすきところになりて、必ずつかまつることに候ふ。」

と③言ふ。

*あやしき下臈《げらふ》なれども、④聖人の戒《いまし》めにかなへり。鞠《まり》も、難《かた》きところを蹴出《けいだ》して後、やすく思へば必ず落つ、とはべるやらん。

（『徒然草《つれづれぐさ》』より）

*高名の＝名高い。　*をのこ＝男。　*おきてて＝指図して。　*軒丈＝軒の高さ。　*目くるめき＝目が回り。　*あやしき下臈＝身分の低い者。

(1) ――線部①「こずゑ」、②「危ふく」の読み方を、すべて現代仮《か》名遣《なづか》いの平仮名で書きなさい。〈5点×2〉

①〔　　〕　②〔　　〕

(2) ――線部③「言ふ」の主語は誰《だれ》か。適切なものを次から選び、記号で答えなさい。〈8点〉

ア　人　　イ　高名の木登りと言ひしをのこ
ウ　作者　エ　聖人

〔　　〕

(3) ――線部④「聖人の戒めにかなへり」というのは、その前のどの部分を指して言っているか。最も簡潔に表された一文を文章中から探し、初めと終わりの三字を書き抜《ぬ》きなさい。（句読点も字数に含《ふく》める。）〈完答10点〉

□□□～□□□

2

次の文章を読んで、あとの問いに答えなさい。

〔平家《へいけ》は一《いち》の谷《たに》の戦《いくさ》で源氏《げんじ》に大敗した。源氏方《げんじがた》の武将、熊谷次郎直実《くまがえのじろうなおざね》は、逃《のが》れようとする武者一騎《いっき》を追いつめる。自分の息子《むすこ》と同年齢《どうねんれい》ほどのその身分の高い武者を前に、直実の心は迷う。〕

熊谷《くまがへ》、

「あつぱれ、大将軍《たいしやうぐん》や。この人一人《いちにん》討ちたてまつたりとも、負くべき戦《いくさ》に勝つべきやうもなし。また討ちたてまつらずとも、勝つべき戦に負くることもよもあらじ。*小次郎《こじらう》が*薄手《うすで》負うたるをだに、直実は心苦しうこそ思ふに、この殿《との》の父、討たれぬと聞いて、いかばかりか*嘆《なげ》きたまはんずらん。あはれ、①助けたてまつらばや。」と思ひて、後ろをきつと見ければ、*土肥《とひ》・梶原《かぢはら》五十騎ばかりで続いたり。

熊谷涙《なみだ》をおさへて申しけるは、

「助けまゐらせんとは存じ候へども、味方の軍兵雲霞《ぐんびやううんか》＊のごとく候ふ。よも逃れさせたまはじ。人手にかけまゐらせんより、同じくは＊、直実が手にかけまゐらせて、のち＊の御孝養《おんけうやう》をこそつかまつり候はめ。」と申しければ、

「ただ、②とくとく首を取れ。」とぞのたまひける。

熊谷あまりにいとほしくて、いづくに刀を立つべしともおぼえず、目もくれ心も消え果てて、前後不覚におぼえけれども、さてしもあるべきことならねば、泣く泣く首をぞかいてんげる。

（『平家物語』より）

＊小次郎＝直実の息子。　＊薄手＝軽い傷。　＊嘆きたまはんずらん＝お嘆きなさるだろう。　＊土肥・梶原＝ともに源氏方の武将。　＊雲霞＝群がっている様子。　＊同じくは＝同じことならば。　＊のちの御孝養＝死後のご供養《くよう》。

(1) 〰〰線部「候はめ」の「め」は助動詞「む」の已然《いぜん》形だが、どの語を受けてこのような文末になっているか。文章中から書き抜きなさい。〈8点〉〔　　〕

(2) ――線部①「助けたてまつらばや」とあるが、こう思ったいちばんの理由は何か。次の〔　〕に当てはまる言葉を書きなさい。〈8点×2〉

●自分が〔　　〕の小次郎を思うのと同じように、目の前の殿の〔　　〕がわが子を思う気持ちを考えたから。

(3) ――線部②「とくとく」を現代語訳しなさい。〈8点〉〔　　〕

3 次の漢詩を読んで、あとの問いに答えなさい。

黄鶴楼《くわうかくろう》にて孟浩然《まうかうねん》の広陵《くわうりよう》に之《ゆ》くを送る　李白《りはく》

①故人西ノカタ辞シ㆓黄鶴楼ヲ㆒

②煙花三月下揚州

孤帆ノ遠影碧空ニ尽キ

唯ダ見ル長江ノ天際ニ流ルルヲ

〔　　　　〕

煙花《えんくわ》三月《さんぐわつ》揚州《やうしう》に下《くだ》る

孤帆《こはん》の遠影《ゑんえい》碧空《へきくう》に尽《つ》き

唯《た》だ見《み》る長江《ちやうかう》の天際《てんさい》に流《なが》るるを

(1) この漢詩の形式を次から選び、記号で答えなさい。〈6点〉

ア 五言《ごごん》絶句　イ 七言絶句

ウ 五言律詩　エ 七言律詩

〔　　〕

(2) ――線部①「故人西ノカタ辞シ㆓黄鶴楼ヲ㆒」を書き下し文にしなさい。〈10点〉

〔　　〕

(3) ――線部②「煙花三月下揚州」に、下段の書き下し文に合うように、送り仮名と返り点を付けなさい。〈10点〉

〔煙　花　三　月　下　揚　州〕

(4) 詩の前半は春のうららかな情景が詠《よ》まれているが、後半では作者のどのような心情が詠まれているか。説明しなさい。〈14点〉

〔　　〕

総復習テスト 第1回

*解答と解説…別冊p.12
*時間……30分
*配点……100点満点

得点　　　点

1 次の文章を読んで、あとの問いに答えなさい。 〈群馬県・改〉

「プロを目ざすのは、もうやめにしなさい」

祐也《ゆうや》より頭ひとつ大きな父が言った。

「2週間後の研修会を最後にして、少し将棋《しょうぎ》を休むといい。いまのままだと、きみは取り返しのつかないことになる。わかったね？」

「はい」

そう答えた祐也の目から涙《なみだ》が流れた。足が止まり、あふれた涙が頰《ほお》をつたって、地面にぼとぼとと落ちていく。胸がわななき、祐也はしゃくりあげた。こんなふうに泣くのは、保育園の年少組以来だ。身も世もなく泣きじゃくるうちに、ずっと頭をおおっていたモヤが晴れていくのがわかった。

「将棋をやめろと言っているんじゃない。将棋は、一生をかけて、指していけばいい。しかし、おととしの10月に研修会に入ってから、きみはあきらかにおかしかった。おとうさんも、おかあさんも、気づいてはいたんだが、将棋については素人《しろうと》同然だから、どうやってとめていいか、わからなかった。2年と2ヵ月、よくがんばった。今日まで、ひとりで苦しませて、申しわけなかった」

①父が頭をさげた。

「そんなことはない」

祐也は首を横にふった。

「たぶん、きみは、*秀也《しゅうや》が国立大学の医学部に現役合格したことで、相当なプレッシャーを感じていたんだろう」

父はそれから、ひとの成長のペースは［　　］なのだから、あわてる必要はないという意味の話をした。

千駄ヶ谷《せんだがや》駅で総武《そうぶ》線に乗ってからも、父は、世間の誰《だれ》もが感心したり、褒《ほ》めそやしたりする能力だけが人間の可能性ではないのだということをわかりやすく話してくれた。

「すぐには気持ちを切り換《か》えられないだろうが、まだ中学1年生の12月なんだから、いくらでも挽回《ばんかい》はきく。高校は、偏差値《へんさち》よりも、将棋部があるかどうかで選ぶといい。そして、自分なりの将棋の楽しみかたを見つけるんだ」

ありがたい話だと思ったが、祐也はしだいに眠《ねむ》たくなってきた。錦糸町《きんしちょう》駅で乗り換えた東京メトロ半蔵門《はんぞうもん》線のシートにすわるなり、祐也は眠りに落ちた。

午後6時すぎに家に着くと、玄関《げんかん》で母がむかえてくれた。

「祐ちゃん、お帰りなさい。お風呂《ふろ》が沸《わ》いているから、そのまま入ったら」

いつもどおり、張り切った声で話す母に、②祐也は顔がほころんだ。

浴槽《よくそう》につかっているあいだも、夕飯のあいだも、祐也は何度も眠りかけた。2年と2ヵ月、研修会で戦ってきた緊張《きんちょう》がとけて、ただただ眠たかった。

悲しみにおそれたのは、ベッドに入ってからだ。

「もう、棋士《きし》にはなれないんだ」

祐也の目から涙があふれた。Ⅰ布団《ふとん》をかぶって泣いているうちに眠ってしまい、ふと目をさますと夜中の1時すぎだった。父も母も眠っているらしく、家のなかは物音ひとつしなかった。

常夜灯がついた部屋で、ベッドのうえに正座をすると、祐也は将棋をおぼえてからの日々を思い返した。米村《よねむら》君はどうしているだろう。中学受験をして都内の私立に進んでしまったが、いまでも将棋を指しているだろうか。いつか野崎《のざき》君と、どんな気持ちで研修会に通っていたのかを話してみたい。

祐也は、頭のなかで今日の4局を並べ直した。どれもひどい将棋だと思っていたが、1局目と2局目はミスをしたところで正しく指していれば、優勢に持ち込《こ》めたことがわかった。

「おれは将棋が好きだ。プロにはなれなかったけど、それでも将棋が好きだ」

うそ偽《いつわ》りのない思いにからだをふるわせながら、Ⅱ祐也はベッドに横になり、深い眠りに落ちていった。

〈佐川光晴《さがわみつはる》『駒音《こまおと》高く』〈実業之日本社〉より〉

＊秀也＝祐也の兄。

(1) □に当てはまる四字熟語として、最も適切なものを次から選び、記号で答えなさい。〈12点〉

ア 一朝一夕　**イ** 一日千秋
ウ 千差万別　**エ** 千載一遇《せんざいいちぐう》

〔　　〕

(2) ——線部①「父が頭をさげた」とあるが、「祐也」に対して「父」が頭をさげたのはなぜか。その理由として最も適切なものを次から選び、記号で答えなさい。〈12点〉

ア 祐也が将棋を続けるという道を閉ざすことになったため。
イ 祐也の状況《じょうきょう》を見ていながら何もしてあげられなかったため。
ウ 祐也の気持ちを考えずに勉強を強要することになったため。
エ 祐也の夢よりも兄の秀也のことを第一に考えていたため。

〔　　〕

(3) ——線部②「祐也は顔がほころんだ」とあるが、このときの「祐也」の気持ちとして最も適切なものを次から選び、記号で答えなさい。〈12点〉

ア 明るく振《ふ》る舞《ま》う母の様子を見て思わず心が和らぐ気持ち。
イ 無理をして自分を励《はげ》まそうとする母に同情する気持ち。
ウ 自分の心情を理解してくれない母に対してあきれる気持ち。
エ 自分を子供扱《あつか》いする母の態度に照れくささを感じる気持ち。

〔　　〕

(4) ……線部Ⅰ「布団をかぶって……1時すぎだった」、Ⅱ「祐也はベッドに横になり……落ちていった」とあるが、Ⅱで眠りに落ちていったときの「祐也」の心情はどのようなものであったと考えられるか。Ⅰで眠ってしまったときと比較《ひかく》して、書きなさい。〈20点〉

〔　　〕

【次のページに続きます】

2　次の文章を読んで、あとの問いに答えなさい。　〈長崎県・改〉

*博雅三位《はくがさんみ》の家に、盗人《ぬすびと》入《い》りたりけり《入った。》。三品《三位は、》、板敷《いたじき》の下に逃《に》げかくれにけり《隠れた。》。盗人帰り、さて後《その後、》、はひ出《い》でて家の中を(a)みるに、のこりたる《残された》物なく、みなとりてけり《みな盗み出してしまっていた。》。ひちりき一つを*置物厨子《ずし》に(b)のこしたりけるを《残していたのを、》、三位とりてふかれたりけるを《お吹きになっていたのを、》、①出でてさりぬる盗人、はるかにこれを《遠くでその音色を》聞きて《聴き、》、感情おさへがたくして《感情がおさえられなくなって、》、帰りきたりて＝いふやう＝《語ることには、》、「只今《ただいま》の《たったいまの》御《おん》ひちりきの音《ね》をうけたまはるに《お聴きすると、》、あはれに《趣深く》たふとく候《さうら》ひて《高貴な音色でありまして、》、悪心《悪い心が》みなあらたまりぬ《すっかり改まりました。》。とる《盗んだ》所の物どもことごとく《すべて》にかへしたてまつるべし《お返しいたしましょう》」といひて、②みな《すべて》置きて出でにけり《出て行った。》。

③むかしの盗人は、又《また》かく《このように》いうなる心も有りけり。

（『古今著聞集《ここんちょもんじゅう》』より）

*博雅三位＝平安《へいあん》時代中期の貴族。ひちりき（笛）の名手であった。
*置物厨子＝棚《たな》。

(1) ┈┈線部a「みる」、b「のこしたりける」の主語を本文中からそれぞれ書き抜《ぬ》きなさい。〈6点×2〉

a〔　　〕　b〔　　〕

(2) ――線部①「出でてさりぬる盗人」の意味として最も適切なものを次から選び、記号で答えなさい。〈7点〉

ア　三位の家を出て行った盗人
イ　三位の家に残っていた盗人
ウ　三位の家に戻《もど》ってきた盗人
エ　三位の家に戻ろうとした盗人

〔　　〕

(3) ＝＝線部を現代仮名遣《かなづか》いに直して書きなさい。〈5点〉

〔　　〕

(4) ――線部②「みな置きて」とあるが、「盗人」はなぜそのようにしたのか。三十字以内で書きなさい。（句読点も字数に含《ふく》める。）〈12点〉

(5) ――線部③「むかしの盗人は、又かくいうなる心も有りけり」は、この文章に書かれた出来事に対する筆者の感想を述べた部分である。「いうなる心」とはどのような心か。最も適切なものを次から選び、記号で答えなさい。〈8点〉

ア　弱者を憐《あわ》れむ心　　イ　後世まで伝わる尊い心
ウ　風流を理解する心　　エ　物を大切にする心

〔　　〕

総復習テスト 第2回

*解答と解説…別冊p.14
*時　間……30分
*配　点……100点満点

得点　　点

1 次の文章を読んで、あとの問いに答えなさい。〈長崎県・改〉

われわれはアナログの世界に生きている。1分、2分という区切りに関係なく時間は私のなかを流れているし、空気にもその匂《にお》いにも境目はなく、数えることはもちろんできない。

そんな世界にあって、感覚としてアナログを捉《とら》えることはできても、それを表現することはできないものである。表現した途端《とたん》にそれはアナログからデジタルに変換《へんかん》されてしまうからである。アナログ世界は表現不可能性のなかでのみ成立しているとも言える。「今日は38度もあった」と言えば、38度という数値は理解できるが、その人が感じている暑さは、38という数値のなかにはない。

何も数値化だけがデジタル化なのではなく、言葉で何かを言い表す、そのことがすなわちデジタル化そのものなのである。言葉で表すとは、対象を取り出して、当てはまる言葉に振《ふ》り分ける、すなわち分節化する作業である。外界の無限の多様性を、有限の言語によって切り分けるという作業なのである。

一本の大きな樹《き》がある。「大きな」という言葉の選択《せんたく》の裏には、「見上げるばかりの」とか「天にも届きそうな」とかの別の表現が、潜在《せんざい》的な可能性としては数えきれないほど存在したはずで、そんな可能性をすべて断念し、*捨象《しゃしょう》した表現が「大きな樹」という*便宜的[a]な表現になったのである。「大きな樹」は、その樹の属性の一部ではあっても、その樹の全体性には少しも届いていない。「言葉には尽《つ》くせない」という表現自体が、言葉のデジタル性をよく表している。

人は自分の感情をうまく言い表せない時、言葉のデジタル性を痛感する。言葉と言葉の間にあるはずのもっと適切な表現をめぐって苦闘《くとう》する。感情を含《ふく》めた[d]世界を[e]表現に移し替《か》えようとするのが、詩歌や文学における言語表現であるとも言える。

折にふれて[b]コミュニケーションの大切さが言われるが、私たちはともすれば、デジタルをデジタルに変換しただけの作業を、コミュニケーションだと錯覚《さっかく》しがちである。「この文章の意図するところを五〇字以内でまとめよ」式の、言葉の指示機能の反復レッスンは、デジタル表現を別のデジタル表現に変換する練習にしか過ぎない。

もともと言語化できないはずのアナログとしての感情や思想があり、それを言語に無理やりデジタル化して相手に伝えること、それがコミュニケーションの基本である。『哲学《てつがく》事典』（平凡社《へいぼんしゃ》）は、そのところを、「送り手が記号を媒介《ばいかい》にして知覚、感情、思考など各種の心的経験を表出し、その内容を受け手に伝える過程」とテイギ[c]している。ここで言う「記号」とは、ヒトの場合であれば言語ということになるが、動物の場合は、鳴き声や、身振り、威嚇《いかく》など、いずれも[f]な表現がコミュニケーションの「媒介」手段である。ヒトだけが、例外的にコミュニケーションにデジタルを用いることが多いのである。

【次のページに続きます】

言語を媒介としているので、受け手としては、どうしても言語の抱《かか》え持っている辞書的な情報そのものを、送り手の伝えたかったすべてと考えてしまいやすい。しかし、送り手の内部でアナログのデジタル化は、ほとんどの場合、不十分なものであるはずなのである。特に複雑な思考や、あいまいな感情などを伝えようとするときには、デジタル化はほぼ未完のままに送り出されると思っておいたほうがいいだろう。

従って、伝えられたほうは、言葉を単にデジタル情報として、その辞書的な意味だけを読み取るのではなく、デジタル情報の隙間《すきま》から漏《も》れてしまったはずの相手の思いや感情を、自分の内部に再現する努力をしてはじめてコミュニケーションが成立するのである。真のコミュニケーションとは、ついに相手が言語化しきれなかった「間《あいだ》」を読みとろうとする努力以外のものではないはずである。それがデジタル表現のアナログ化であり、別名、「思いやり」とも呼ばれるところのものなのである。

（永田《ながた》和宏《かずひろ》『知の体力』〈新潮新書〉より）

＊捨象＝必要ではない要素を捨てること。
＊属性＝事物の有する特徴《とくちょう》・性質。

(1) ══線部a～cについて、漢字は読みを平仮名《ひらがな》で書き、片仮名は漢字に直しなさい。〈4点×3〉

a〔　　〕　b〔　　れて〕　c〔　　〕

(2) ……線部「伝えられた」を単語に区切ったものとして最も適切なものを次から選び、記号で答えなさい。〈6点〉

ア 伝え／られた　**イ** 伝え／ら／れた
ウ 伝え／られ／た　**エ** 伝えら／れ／た

〔　　〕

(3) **d**～**f** に当てはまる語の組み合わせとして最も適切なものを次から選び、記号で答えなさい。〈8点〉

ア **d** アナログ　**e** デジタル　**f** デジタル
イ **d** アナログ　**e** デジタル　**f** アナログ
ウ **d** デジタル　**e** アナログ　**f** アナログ
エ **d** デジタル　**e** アナログ　**f** デジタル

〔　　〕

(4) ――線部「言葉のデジタル性」とはどのような性質か。本文中の語句を用いて五十五字以内で書きなさい。（句読点も字数に含める。）〈20点〉

(5) 次の、Aさん、Bさん、Cさんの会話を読んで、あとのⅠ・Ⅱの問いに答えなさい。

A この文章ではコミュニケーションについて述べているね。私たちはコミュニケーションでどのようなことに気をつけるべきなのかな。
B 本文によると、コミュニケーションを成立させるためには、言葉を受け取る側が、具体的には **い** をすることが必要だとわかるね。
A それは例えばどうすることだろう。
C **ろ** ということだね。
B そうだね。最近はインターネットを通して相手とやりとりすることが多いけれど、言葉だけでやりとりすると、誤解を生む可能性が高くなりそうだね。

A たしかに、言葉だけでは伝わりにくいよね。

C 私は言葉を受け取る側が「思いやり」を持つだけでなく、言葉を発信する側も相手に正しく伝える努力が必要だと思うよ。

Ⅰ [い] に当てはまる言葉を、四十字以上四十五字以内で本文中から探し、初めと終わりの三字を書き抜《ぬ》きなさい。〈完答7点〉

[　　　] ～ [　　　]

Ⅱ [ろ] に入る内容として適切でないものを次から一つ選び、記号で答えなさい。〈7点〉

ア 相手の表情や声の調子、身振りにも注意する

イ 相手の立場に寄り添《そ》って考える

ウ 相手の言葉を辞書的な意味だけで理解しない

エ 相手の言葉を自分の言葉で置き換《か》える

〔　　　〕

2

次の文章を読んで、あとの問いに答えなさい。〈岩手県・改〉

*管仲《くわんちう》・隰朋《しふほう》、*孤竹《こちく》を伐《う》《攻め》ち、春往《ゆ》《行って》きて冬反《かへ》《帰る》る。迷惑《めいわく》《迷って》して道を失ふ。管仲いはく、「老馬の智用《ちもち》《知恵を》ふべし。」と。すなはち老馬を放ちて①これに随《したが》ひ、遂《つひ》に道を得たり。山中を往きて水無し。隰朋いはく、「蟻《あり》は冬は山の陽《みなみ》《山の日なた側》に居《を》り、夏は山の陰《きた》《山の日かげ側》に居る。*蟻壌《ぎじやう》《(塚の高さが)》*一寸にして《一寸であれば、一仞の下に》*仞《じん》に水あり。」と。すなはち②地を掘《ほ》り、遂に水を得たり。管仲の聖《せい》《明敏さ》と、隰朋の智とをもつてするも《しても》、其《そ》の知らざる所に至りては《については》、老馬と蟻とを師とするをはばからず《ためらわない》。今人《こんじん》《今の時代の人は》、その愚心《ぐしん》をもつてして、しかも聖人の智を師とするを知らず、また過《あやま》たずや《間違っているのだよ》。

（『韓非子《かんぴし》』より）

*管仲・隰朋＝それぞれ、中国の春秋・戦国時代に活躍《かつやく》した人物。
*孤竹＝中国の春秋・戦国時代にあった、ある地域。
*蟻壌＝ありの巣の上にできる、土が小高く盛り上がった所。あり塚《づか》。
*寸・仞＝長さの単位。当時の中国で、一寸は約三センチメートル、一仞は約一六〇センチメートル。

(1) ＝＝線部「山中を往きて水無し」とあるが、漢文では「往山中無水」となる。これに返り点を付けなさい。（送り仮名は不要。）〈12点〉

〔往　山　中　無　水〕

(2) ――線部①「これに随ひ」とあるが、どういうことを表しているか。最も適切なものを次から選び、記号で答えなさい。〈12点〉

ア 老馬が管仲の誘導《ゆうどう》に応じたこと。

イ 管仲が隰朋の主張に応じたこと。

ウ 老馬が隰朋を追って行ったこと。

エ 管仲が老馬について行ったこと。

〔　　　〕

(3) ――線部②「地を掘り、遂に水を得たり」とあるが、隰朋らはどこを掘って水を手に入れたか。現代語で十字以上十五字以内で書きなさい。（句読点も字数に含める。）〈16点〉

デザイン：山口秀昭（Studio Flavor）
表紙イラスト：ミヤワキキヨミ
編集協力：有限会社 育文社
DTP：株式会社 明昌堂
（データ管理コード　21-1772-0412（2020））

本書に関するアンケートにご協力ください。
右のコードかURLからアクセスし，以下の
アンケート番号を入力してご回答ください。
当事業部に届いたものの中から抽選で年間
200名様に，「**図書カードネットギフト**」
500円分をプレゼントいたします。

アンケート番号： **305373**

Webページ››› https://ieben.gakken.jp/qr/10_chu1and2/

10日間完成　中1・2の総復習
国語　改訂版

2005年7月	初版発行
2011年11月	新版発行
2021年6月29日	改訂版第1刷発行

編者　学研プラス
発行人　代田雪絵
編集人　松田こずえ
編集担当　髙橋桃子
発行所　株式会社　学研プラス
〒141-8415　東京都品川区西五反田2-11-8
印刷所　株式会社　リーブルテック

●この本に関する各種お問い合わせ先
本の内容については，下記サイトのお問い合わせフォームよりお願いします。
https://gakken-plus.co.jp/contact/
在庫については
☎03-6431-1199（販売部）
不良品（落丁，乱丁）については
☎0570-000577
学研業務センター
〒354-0045 埼玉県入間郡三芳町上富279-1
上記以外のお問い合わせは
☎0570-056-710（学研グループ総合案内）

10日間完成

中1・2の総復習 ［改訂版］

別冊

本書と軽くのりづけされていますので，
はずしてお使いください。

国語

解答と解説

Gakken

1 日目 漢字の読み

p.2 基礎の確認

1 複数の音訓をもつ漢字

(1)①おく ②おそ (2)①よご ②きたな (3)①に ②のが
(4)①やわ ②なご (5)①なめ ②すべ (6)①あらわ ②いちじる
(7)①ひそ ②もぐ (8)①そっちょく ②かくりつ
(9)①きょくたん ②ごくひ (10)①せいしん ②しょうじん
(11)①ぶんけん ②こんだて (12)①ぎょうてん ②しんこう
(13)①たづな ②てあら (14)①ていさい ②たいせい
(15)①ごしょ ②せいぎょ

2 読み誤りやすい漢字

(1)もっぱ (2)つい (3)う (4)むな (5)そむ (6)まぎ (7)さ
(8)ふく (9)あやつ (10)あや (11)えん (12)げし (13)みちばた
(14)けいだい (15)ほっさ (16)なっとく (17)すいこう
(18)ゆいいつ (19)ちき (20)いしょう (21)ばくろ (22)かしょ
(23)よれい (24)るいじ (25)ひもの (26)とくちょう (27)ふにん
(28)せたけ (29)てんじょう (30)ごうじょう (31)じゅよ
(32)きせい

3 音＋訓の熟語・訓＋音の熟語

(1)A (2)B (3)A (4)C (5)C

これが重要！

複数の**訓**をもつ漢字を単独で読む場合は、**送り仮名《がな》**で読み分ける。**熟語**で読む場合（例❶(13)①「手綱」）は、その熟語の意味とともに正しい読みを覚えるようにする。読み誤りやすい漢字は、文全体の意味もよく考えて、正しい言葉になるように読む。漢字の音訓は、特に日本語として定着し、訓のように思われがちになっている音（例❸(5)「絵（エ）」）などに注意しよう。

p.4 実力完成テスト

1

(1)①たよ ②たの (2)①はず ②ひ (3)①さわ ②ふ
(4)①と ②つか (5)①しぼ ②し (6)①は ②と (7)①し ②うらな
(8)①そうちょう ②さっそく (9)①どうはん ②ばんそう
(10)①ゆいごん(いごん) ②いし (11)①にゅうわ ②じゅうじゅん
(12)①しょうこ ②こんきょ (13)①おんけい ②ちえ
(14)①きげん ②けんぎ (15)①さいげつ ②せいぼ
(16)①はくしゅ ②ひょうし (17)①かいふう ②ほうけん
(18)①ていねい ②よこちょう

解説 (2)「弾」には「たま」という訓もある。(8)「早」を「さっ」と読む熟語には、「早急《さっきゅう(そうきゅう)》」（＝非常に急ぐこと）もある。(11)①「柔和」は「柔弱《にゅうじゃく》」（＝精神や体が弱々しいこと）と同じ読み。

2

(1)と (2)うかが (3)は (4)おお (5)おちい (6)うけたまわ
(7)こ (8)ただよ (9)こうむ (10)つくろ (11)さまた (12)たく
(13)くわだ (14)いまし (15)ほが (16)おごそ (17)しょうぶん
(18)ぜつみょう (19)だきょう (20)へいこう (21)そぼく
(22)しょうさい (23)びょうしゃ (24)きんこう (25)かんり
(26)いっせい (27)ろんし (28)くし (29)じっし (30)かいきん
(31)がいとう (32)ぜんぷく (33)えんかつ (34)したく

解説 (3)「映」には「うつる」という訓もある。(7)形の似た「疑」と間違《まちが》えて「うたがって」と読まないように。(11)形の似た「防」と間違えて「ふせげる」と読まないように。(16)「厳」には「きびしい」と「おごそか」の訓がある。(17)ほかに「性根《こん》《ね》・潔癖《けっぺき》性」なども「ショウ」と読む。(21)「素」を「ソ」と読む熟語には「素質・素材」などが、「ス」と読む熟語には「素足・素手」などがある。

3

Ⅰ(1)ぬまチ (2)ひとがら (3)テイケツ (4)ミツばち Ⅱ(1)

解説 Ⅱ湯桶《ゆとう》読みは「訓＋音」の読み方なので、(1)「ぬまチ」が当てはまる。「沼」の音は「ショウ」（高校で習う読み）。

2 日目 漢字の書き

p.6 基礎の確認

❶ 同音異義語

(1) ①意外 ②以外 (2) ①傷害 ②障害 (3) ①関心 ②感心
(4) ①創造 ②想像 (5) ①見当 ②検討 (6) ①完結 ②簡潔
(7) ①期待 ②気体 (8) ①対象 ②対称 ③対照
(9) ①仮定 ②過程 ③家庭 (10) ①試行 ②思考 ③志向

❷ 同訓異字

(1) ①覚 ②冷 (2) ①暖 ②温 (3) ①負 ②追 (4) ①供 ②備
(5) ①説 ②解 (6) ①敗 ②破 (7) ①映 ②移 ③写
(8) ①務 ②勤 ③努 (9) ①暑 ②熱 ③厚
(10) ①計 ②量 ③測 ④図

❸ 書き誤りやすい漢字

(1) 群 (2) 営 (3) 拝 (4) 幼 (5) 暮 (6) 安易 (7) 否定 (8) 試練
(9) 体積 (10) 複雑 (11) 専門 (12) 危険 (13) 演奏 (14) 奮起
(15) 論理 (16) 一冊 (17) 縦横 (18) 除去 (19) 災難 (20) 担当

これが重要！

日本語に多い**同音異義語・同訓異字**は、使われている文の意味をよく考えて判断する。また、文の意味を変えずにいろいろ言い換《か》えてみると、ヒントになることがある（例❶(6)①「ドラマが完全に終わる」、②「簡単な文章」）。一字わかると、熟語全体をイメージしやすくなる。漢字の書きは、一点・一画を、丁寧《ていねい》に、**楷書**《かいしょ》で書く。❶(8)「タイショウ」はよく問われる同音異義語。「対象」は「ある行動が向けられる相手・目標となるもの」、「対称」は「二つのものが、一つの点・直線・面を中心として向き合う関係にあること」、「対照」は「幾《いく》つかのものを比べ合わせること」という意味。

p.8 実力完成テスト

1

(1) ①意義 ②異議 (2) ①追求 ②追究 (3) ①公演 ②講演
(4) ①保障 ②保証 (5) ①収拾 ②収集 (6) ①機関 ②期間
(7) ①異動 ②移動 (8) ①衛星 ②衛生 (9) ①公正 ②厚生
(10) ①意志 ②意思 ③遺志 (11) ①以上 ②異状 ③異常
(12) ①快方 ②開放 ③解放 ④会報

解説 (2)悪事や責任を問い詰《つ》める「追及《ついきゅう》」もある。(4)①「保障」は「ほかから被害《ひがい》を受けないように保護すること」、②「保証」は「間違《まちが》いないと受け合うこと」という意味。(5)①「収拾」は「混乱している状態をうまく収めること」という意味。(7)①「異動」は「組織内で地位などが変わること」という意味。(11)②「異状」は名詞としてだけ用いられる。③「異常」は「正常」の対義語。「異常な・異常に」など形容動詞としても用いられる。

2

(1) ①極 ②究 (2) ①望 ②臨 (3) ①指 ②差
(4) ①痛 ②傷 (5) ①優 ②易 (6) ①誤 ②謝 (7) ①要 ②射
(8) ①明 ②開 ③空 (9) ①断 ②絶 ③裁 (10) ①着 ②就 ③付
(11) ①表 ②現 ③著 (12) ①収 ②治 ③納 ④修

解説 (2)①「〜を望む」、②「〜に臨む」と覚えよう。(4)②「傷む」は果物が腐《くさ》ったり、物が壊《こわ》れたりする場合（例「古いので、家のあちこちが傷んでいる。」）に使う。(6)①「誤用する」、②「謝罪する」などのように、似た意味の熟語に置き換《か》えてみると判断しやすい。(9)②「絶つ」は「つながりをなくす。終わらせる」という場合に使われる。

3

(1) 沿 (2) 巻 (3) 吸 (4) 捨 (5) 困 (6) 補 (7) 蒸 (8) 存在
(9) 発揮 (10) 警告 (11) 功績 (12) 脳裏 (13) 批判 (14) 展覧 (15) 規模
(16) 若干 (17) 地域 (18) 延長 (19) 対策 (20) 姿勢 (21) 観衆

解説 (1)同訓異字の「添《そ》う」と間違えないように。(4)「捨」を「拾」と書き間違えやすいので注意。(6)「補」は「衤(ころもへん)」であり、「礻(しめすへん)」ではない。(11)「功」を「効」、「積」を「績」などとしないように。

3日目 熟語の構成・類義語・対義語など

p.10 基礎の確認

1 二字熟語の構成
(1)エ (2)カ (3)ア (4)イ (5)オ (6)ウ

2 三字熟語の構成
(1)ウ (2)イ (3)エ (4)ア

3 四字熟語の構成
(1)エ (2)ア (3)ウ (4)イ

4 数字を含む四字熟語
(1)十・十 (2)一・一 (3)七・八 (4)二・一 (5)四・八 (6)千・万

5 類義語・対義語1
(1)ク (2)コ (3)シ (4)ア (5)キ (6)サ
(7)オ (8)ウ (9)ケ (10)エ (11)イ (12)カ

6 類義語・対義語2
(1)キ (2)ア (3)カ (4)エ (5)ク
(6)イ (7)コ (8)ウ (9)ケ (10)オ

7 多義語
(1)口 (2)切る (3)固い

8 筆順
①ア ②イ

9 部首名
(1)がんだれ (2)りっとう (3)おおざと

これが重要!
三字熟語・**四字熟語**の構成は、**二字熟語**の構成を応用して考える。「手段―方法」などの**類義語**、「具体↕抽象《ちゅうしょう》」などの**対義語**は、組にして覚えておく。

p.12 実力完成テスト

1 (1)ウ (2)ア (3)エ (4)ア (5)ウ
解説 (4)「因果」は「原因」と「結果」という意味。

2 (1)未 (2)不 (3)性 (4)化 (5)無 (6)非 (7)的 (8)化
解説 接頭語・接尾語《せつびご》の結び付き方は、言葉によって決まっている。

3 (1)イ (2)エ (3)ウ (4)エ
解説 (3)「名は有るが、実《じつ》(中身)が無い」という反対の意味の関係。

4 (1)心 (2)適 (3)自 (4)絶 (5)半 (6)自
解説 (3)「自分で自分のことを褒《ほ》めること」という意味。

5 (1)突 (2)興 (3)短 (4)一 (5)乏 (6)数 (7)将 (8)慣(俗)
解説 (1)～(6)は共通する字がない類義語どうしであることに注目。

6 (1)客 (2)直 (3)必 (4)供 (5)縮 (6)未 (7)消 (8)非
解説 (6)「未知」は、上が下を否定している。「未習」「未定」などもこの例。

7 (1)ウ (2)ク (3)ア (4)オ (5)エ (6)キ (7)イ (8)カ
解説 類義語・対義語は、漢語と和語、外来語と漢語などの組み合わせもある。

8 (1)①エ ②ウ (2)①イ ②ア
解説 (2)「この手の品が好きだ。」の場合の「手」は「種類」の意。

9 (1)四 (2)四 (3)五
解説 (3)横画と縦画が交わるときは横画が先、という原則の例。

10 (1)こざとへん (2)しめすへん (3)りっしんべん (4)そうにょう
解説 (1)字の左にある「阝」は、こざとへん。

4日目

文節・文の成分

p.14 基礎の確認

1 文節

(1) きょうも｜また｜暑く｜なるだろう。 (2) 手紙を｜彼女に｜直接｜手渡す。 (3) 悔し涙が｜ぽとりと｜落ちた。

2 連文節〈文節どうしの関係〉

(1) 私には姉と弟がいる。 (2) 彼は勇敢で優しい。

(3) 誰かが向こうから走ってくる。 (4) クラスの代表を選ぶ。

3 並立の関係・補助の関係〈文節どうしの関係〉

(1) ア (2) イ (3) ア (4) イ (5) イ (6) ア

4 主語・述語〈文の成分〉

(1) (主語)母は (述語)教師だった (2) (主語)作品が (述語)ある

5 修飾《しゅうしょく》語〈文の成分〉

(1) バナナを・一人で・三本も (2) たぶん・晴天に

(3) 午後三時に・改札口で (4) 昨日・スニーカーを (5) 野原に・そよそよと

6 接続語・独立語〈文の成分〉

(1) ああ (2) 眠いので (3) けれども (4) みなさん

7 文の成分の識別

(1) 独立語 (2) 主部 (3) 接続語 (4) 修飾部 (5) 述部 (6) 主語

(7) 主部 (8) 修飾部 (9) 述語

これが重要！

必ず**連文節**を作る、**並立の関係**と**補助の関係**を正しく理解する。

文の成分は、「**主語・述語・修飾語・接続語・独立語**」の五つ。一文節、あるいは二文節以上（この場合は「**主部・述部**……」という）で、文を組み立てる要素となっている。

p.16 実力完成テスト

1 (1) 6 (2) 6 (3) 5 (4) 3

解説 (2)「早い／もので」で二文節。(4)「もしもし」で一文節。呼びかけの言葉。

2 (1) 拾おう (2) 雨だろう (3) 柱時計が (4) 弟を

解説 ——線部がどの文節の内容をくわしくしているのかを考える。

3 (1) イ・ウ・エ (2) ア (3) ア・イ・ウ

解説 ＝線部とつなげて読んでみて、意味の通じるものをすべて選ぶ。

4 (1) 百円玉と十円玉だけが残った。 主部

(2) 今度は私がやってみよう。 述部

(3) 笑っているのは母です。 主部

(4) フランスかスペインに行きたい。 修飾部

解説 (1)・(4)は並立の関係、(2)・(3)は補助の関係である。

5 (1) エ (2) ウ (3) ア (4) イ (5) イ

解説 (3)「君が言った」は、「こと」に係る修飾部になっている。

6 (1) 品物が (2) なし (3) 生徒が (4) 歌は (5) 私も (6) 誰が

解説 (2)「済ませました」という動作の主語(「私」など)が省略されている。

7 (1) ①ア ②ウ (2) ①エ ②ア (3) ①オ ②ア (4) ①ア ②イ

解説 (1) ②の主語は「誰《だれ》も」。 (2) ①「信じた」理由を示しているので、接続語。

8 (1) ウ (2) イ (3) ア

解説 (1) **ウ**「誰だ」は、「ボールを投げたのは誰だ。」という文が倒置《とうち》されて、述語が文頭にきている。ほかは独立語。 (2) **イ**は修飾語。ほかは主語。

(3) **ア**は修飾語。ほかは述語。

5日目 自立語

p.18 基礎の確認

1 自立語・付属語
(1) 棚・上・置物・一つ・ある　(2) あなた・この・赤い・花・あげる
(3) 彼・きっと・約束・破ら　(4) 電話・し・運転・する　（(1)〜(4)は各順不同）

2 品詞の分類
(1) 形容詞　(2) 副詞　(3) 連体詞　（(2)・(3)は順不同）

3 動詞・形容詞・形容動詞
(1) 思う・ほほ笑む　(2) うれしい・痛い
(3) 親切です・まじめだ　（(1)〜(3)は各順不同）

4 名詞
(1) ア　(2) ウ　(3) ウ

5 副詞
(1) はっきり　(2) とても　(3) 突然　(4) まさか

6 連体詞・接続詞・感動詞
(1) 接続詞　(2) 感動詞　(3) 連体詞

7 活用形
(1) 連体形　(2) 連用形　(3) 終止形　(4) 仮定形

8 動詞の活用の種類
(1) ア　(2) イ

これが重要！

すべての単語は、**自立語**と**付属語**に分けられる。自立語には、**動詞・形容詞・形容動詞・名詞・副詞・連体詞・接続詞・感動詞**がある。品詞と文の成分とを混同しないように注意する。自立語のうち、活用する「動詞・形容詞・形容動詞」を**用言**という。動詞の**五つの活用の種類**と**六つの活用形、活用のしかた**を正確に覚えておく。

p.20 実力完成テスト

1 (1) イ　(2) ア　(3) ウ

解説 品詞は、(1) 形容動詞と形容詞、(2) 助詞と助動詞、(3) 動詞と形容詞。

2 (1)(自立語)ア・ウ　(付属語)イ・エ
(2)(自立語)イ・ウ　(付属語)ア・エ
(3)(自立語)ア・イ・エ　(付属語)ウ

解説 (2) **エ**は助詞、(3) **エ**は「わかる」という動詞の未然形。

3 (1) 五段活用・連用形　(2) 上一段活用・連体形
(3) カ行変格活用(カ変)・未然形

解説 (1)「散っ(た)」、(2)「居る」、(3)「来(ない)」が動詞である。

4 例 今日も、爽やかに朝を迎えた。

解説 「爽《さわ》やかな」を、「迎《むか》えた」を修飾《しゅうしょく》する連用形にする。

5 (1) 感動詞　(2) 形容動詞　(3) 副詞　(4) 接続詞　(5) 連体詞
(6) 名詞　(7) 動詞

解説 (7)「い」は上一段《かみいちだん》活用の動詞「いる」の未然形。

6 (1) ウ　(2) イ

解説 (1) **ウ**のみ形容動詞、ほかは形容詞。(2) **イ**のみ連体詞、ほかは副詞。

7 (1) ク　(2) キ　(3) コ　(4) ア　(5) イ　(6) ケ　(7) カ　(8) ウ

解説 (3)「です」は、丁寧《ていねい》な断定を表す助動詞。

8 (1) 正しい・終止形　(2) 買っ・連用形　(3) 穏やかな・連体形

解説 (1)「正しい」は形容詞、(2)「買う」は動詞、(3)「穏《おだ》やかだ」は形容動詞。

6日目 付属語

p.22 基礎の確認

1 助詞
(1) は・で (2) から・が

2 助詞の種類
(1) 接続 (2) 終 (3) 格 (4) 副 (5) 副

3 さまざまな助詞
(1) ほど (2) の (3) で (4) さえ (5) て (6) な (7) から (8) を
(9) ずつ (10) ながら

4 助動詞
(1) ない・た (2) たい・らしい

5 助動詞の意味
(1) エ (2) キ (3) オ (4) ア (5) カ (6) イ (7) ウ

6 「れる・られる」の識別
(1) イ (2) ア (3) ウ (4) エ

7 「ようだ」の識別
(1) ウ (2) イ (3) ア

これが重要！

付属語のうち、活用しないのが**助詞**、活用するのが**助動詞**。助詞の種類は、「が・に・を」など主に体言に付く**格助詞**、主に活用する語に付く**接続助詞**、いろいろな意味を添《そ》える**副助詞**、主に文末に付く**終助詞**と覚えておく。助動詞は、複数の意味をもつ「た」「れる・られる」「ようだ」「う・よう」などの意味・使い方・識別のしかたを理解する。助動詞は主に活用する単語に付くが、「明日は休日です。」「午後は雨らしい。」のように**体言**に付く場合もある。

p.24 実力完成テスト

1
(1) は・の・を・と・で・て
(2) の・の・は・さ・の・に・も・と・て・は・と・だけ

解説 (1)「牧人で」の「で」は、助動詞の「だ」が活用したもので、助詞ではない。一方、その下の「遊んで」の「で」は、接続助詞の「て」が、「遊ぶ」の連用形「遊ん」（撥《はつ》音便）に付いて「で」と濁《にご》ったものである。

2
(1) aさえ bば (2) aきり bなあ (3) aから bと

解説 (3) aこの「から」は、体言に付いているので格助詞。起点を表す。「雨が降るから、傘《かさ》を持って行く。」などの「から」は、用言に付いているので接続助詞。b「木の実」と「葉っぱ」を対等につなぐ格助詞の「と」。

3
(1) エ (2) ウ (3) エ

解説 (1) 動詞に付いている接続助詞。(2)「人・もの・こと」などと言い換《か》えられる格助詞の「の」。(3)「およそ」という意味を添《そ》えている副助詞。

4
(1) ①ア ②ウ ③イ ④エ (2) ①エ ②イ ③ウ ④ア
(3) ①ウ ②ア ③イ

解説 (1) ②絵は以前からずっと壁《かべ》にかかっているという意味なので、「存続」。

5
たがる

解説 第三者の希望を表すときには「たがる」を使う。

6
(1) イ (2) ア

解説 (1) **イ**のみ形容詞「ない」。ほかは助動詞。(2) **ア**は「子供らしい」という一語の形容詞（名詞に接尾語《せつび》が付いたもの）の一部。ほかは助動詞。

7
(1) エ (2) イ (3) ア (4) オ (5) カ (6) ウ

解説 (3)「～に～を…させる」という意味で「使役」。

7日目

文学的文章

p.26 基礎の確認

1 心情
イ

2 状況
竹やぶ・雑木林

3 表現
羽織に風をはらませながら

4 文学的文章の表現技法
ア

5 心情の変化
(1) 例 あまり遠く来すぎたと感じられたから。(18字)
(2) その道をやっと

これが重要！

小説文ではまず、**場面**の状況《じょうきょう》をつかむことが重要である。そのうえで**登場人物**の間の関係をとらえ、会話や**情景描写**《びょうしゃ》の中の**暗示表現**などから、人物の心情を読み取る。小説文ではクライマックスの場面から、随筆《ずいひつ》文では作者の感想の部分から、**主題**を読み取れる場合が多い。

p.28 実力完成テスト

1
(1) エ
(2) 例 醜い裏切り者になってもよいという気持ち。
(3) ア
(4) よろよろ起

解説
(1)「やんぬるかな」は「もうおしまいだ。もうどうしようもない」という意味の古い言い方。意味がわからなくても、すぐ前の「どうとも、勝手にするがよい」などから、このときのメロスの心情を想像できる。
(2)「夢から覚めたような気がし」てからとは逆の気持ち、つまり「うとうと、まどろ」む前の気持ちのことである。一口水を飲んだあとの希望をもった気持ちとは逆の気持ちが答えられていればよい。「もう戻《もど》ることを諦《あきら》めようという気持ち。」などでもよい。
(3) メロスの、「わずかながら」再び生まれた「義務遂行《すいこう》の希望」が、傾《かたむ》いた夕日に輝《かがや》く葉や枝に暗示されている。
(4) 人間ではないものを人間に見立てている比喩《ひゆ》表現を探すと、「何か小さくささやきながら清水《しみず》が湧《わ》き出ている」の部分が見つかる。

2
(1) ウ
(2) ア
(3) イ
(4) 僕・先生
(5) たまたま

解説
(1) あらすじに、「僕《ぼく》」は「全くとりえのない生徒」で「全く人好きのしないやつ」だとあることに注目。「不良少年」は非難されたりしかられたりする存在だが、そういう特徴《とくちょう》すらない生徒だったということ。「さえ」は副助詞で、ここでは極端《きょくたん》な例を挙げてほかの場合を類推させる意味で使われている。
(2)「僕」はあとに続くように、だらしがないがために服装検査で調べられるのを恐《おそ》れているから、ア「ビクビク」が当てはまる。
(3) あとに続く「冷たい眼《め》つきでジッと僕の顔を見る」に注目する。そこからは、温かさや、戸惑《とまど》いや、圧倒《あっとう》されている気持ちは感じられない。
(4) 清川《きよかわ》先生に(3)のような眼つきで見られることは、本当はくやしく悲しいことだが、自分をとりえのない、人好きのしない生徒だと思ってしまっている「僕」は、つい投げやりになってしまうことを押《お》さえる。
(5) “どうせ僕なんか”と思ってはいても、やはり級友たちが笑っていたりすると寂《さび》しい気持ちになる。それが「〜気になることはあったけれど……。」に表されていることを押さえる。

8日目 説明的文章

p.30 基礎の確認

1 接続語
ウ

2 段落の関係
ア

3 理由
若いサルたち・柔軟さ

4 指示内容
ウ

5 キーワード
海は危険だから入ってはならない、という習慣

これが重要！

説明的文章では、**事実**と**意見**とを区別して読んでいく。**接続語**は論理の流れを示すものなので、**順接**・**逆接**などの関係性をとらえれば、前後の内容やつながりが理解しやすくなる。また、説明的文章では**指示語**も多く使われる。前の内容を指すことが多いが、必ず**指示語**にその内容を当てはめて意味が通るか確かめるとよい。**筆者の主張**・**結論**を問う問題では、文章の最後のほうに注目する。

p.32 実力完成テスト

1
(1) 例 場所によって少しずつちがう、地球の引力。（20字）
(2) 地球・距離
(3) ア
(4) 二〇キロメートルほど

解説
(1)「この引力」とは、直前の「地球の引力は……少しずつちがいます。」の内容を指す。指定字数に合わせて、「～引力。」とまとめる。
(2) 第三段落（「地球の引力は……わかるのです。」）を丁寧《ていねい》に読んでいくと、人工衛星の飛ぶ高さ（地球からの距離《きょり》）は地球の引力によって変わり、地球の引力は地球の地形によって変わるということがわかる。だから、人工衛星の地球からの距離を調べることで、地球の形がわかるというのである。
(3) □を含《ふく》む文は、直前の一文の内容をわかりやすく言い換《か》えているので、説明・補足をする働きの「つまり」が当てはまる。
(4)「出っぱりぶん」とは、地球の中心から北極や南極までの距離より、赤道までの距離のほうが出っぱっているぶん（＝長いぶん）を指す。

2
(1) 例 事実をすみずみまで明確に表現すること。
（別解＝いかに事実をはっきり伝えるかということ。）
(2) 主語と述語を応じ合うように表現すること（19字）
(3) 例 私はあの本を読んでしまった
(4) a エ　b ア
(5) イ

解説
(1) ——線部①は、直前の文の「人は事実をすみずみまで明確に表現するよりも、自分の相手となる人の気持ちに遠慮《えんりょ》し気がねをする」の……線部を言い換えたものである。〰〰線部が、比べていることであることをとらえる。
(2)「相手に対する心づかいを重要とする」「相手の知っていそうなことは省略していわない」という日本語の特徴《とくちょう》と、何とを対比させているのかを考える。
(3)「誰《だれ》に聞かれても分かるという表現」とは、「相手の知っていそうなことは省略していわない」「この相手なら、すでに分かっているはずと思われることは省略する」というのとは逆の表現のしかたである。したがって、ここでは「誰が・何を・どうした」となるように書き換える。
(4)「主語を省略した表現」を、英語やドイツ語を話す人たちはどういう間柄《あいだがら》であるのか、日本人はどういう間柄であるのかを考える。
(5) あとの段落で主に述べている、「私」という主語の有無《うむ》は、前段落で挙げた、（相手がわかりきっていることは省略することで）「相手の気持ちをそこねまいとする」という日本語の特徴の具体例である。

9日目 詩・短歌

p.34 基礎の確認

1 詩の分類
エ

2 詩の表現技法
⑨

3 詩の主題
イ

4 字余り
C

5 句切れ
B・D（順不同）

6 短歌の表現技法
D・E（順不同）

7 鑑賞《かんしょう》文
①E ②C ③D ④B ⑤A

これが重要！

詩は、**用語・形式**による分類と、**比喩《ひゆ》・体言止め・倒置《とうち》**などの**表現技法**を必ず押《お》さえる。短歌は、**三十一音**（**五・七・五・七・七**）の音数、**字余り・字足らず**（音数が三十一音より少ないもの）、**句切れ**などの言葉・意味を理解する。詩・短歌とも、作者の思いのほか、表現技法を問われることが多い。詩や短歌の**鑑賞**に関する問題では、**キーワード**に注目する。

p.36 実力完成テスト

1
(1) ①ア ②ウ (2) その虹の (3) エ

解説

(1) ①「～みたいに（な）」という形で直接たとえる表現技法はア「直喩《ちょくゆ》（明喩）」。陽射《ひざ》しの真直《まっすぐ》な様子を乾麺《かんめん》にたとえている。②人間ではない「虹《にじ》」が「そっと足を下ろした」と表現しているから、ウ「擬人法《ぎじんほう》」。

(2) この詩は、「バスの中」の乗客である作者が見た情景としてうたわれている。作者は「その虹の～／小さな村と～／すっぽり～いたのだ。」という情景を指して、「君の家が虹の中にある」と言っている。

(3) 最後の五行に注目する。作者は、「乗客」には見える美しい「虹」の中にいて気づかない「村の人々」と、「他人」には見える「幸福」の中にいて「格別驚《おどろ》きもせず」生きていることとを重ね合わせている。この虹の情景のように、自分が幸福であることに気づかないことがある、また幸福とはそういうものなのだという発見がうたわれていることを押《お》さえる。

2
(1) 例 何となくあなたが待ってくれているような気がしたから。
(2) エ
(3) 二句切れ
(4) 字余り
(5) イ
(6) ①D ②C ③B ④A ⑤E

解説

(1) 前半の「なにとなく君に待たるるここちして」の部分が、作者が「花野」に出ていった理由であることに注目し、この部分を解釈《かいしゃく》して考える。「君」を「いとしい人」「恋人《こいびと》」などと表現してもよい。

(2) 情景を想像してみる。草の上に寝《ね》ころんで、広々とした空に心が吸われたというのだから、のびのびとした気持ちを表すエ「解放感」が当てはまる。

(3) 「春の鳥よ、鳴くな鳴くな。外の草原に赤々と日の沈《しず》む夕べに」のように、第二句で、いったん意味が切れることを押さえる。

(4) 第一句の「白き虚空《こくう》」が五音ではなく六音になっている**字余り**の短歌。

(5) 最後の「こと」が名詞（体言）なので、イ「体言止め」。

(6) ①「色彩《しきさい》も音もない」「異常さ」とDの「白き虚空」「死の町」、②「繰《く》り返しの言葉」とCの「な鳴きそ鳴きそ」、③「少年の頃《ころ》」とBの「十五の心」、④「恋《こい》する心」とAの「君に待たるるここち」、⑤「歴史的仮名遣《かなづか》いと口語調」がEの「おまへがおれを眺《なが》めてた」にそれぞれ対応することに注目。

10日目 古典

p.38 基礎の確認

❶ 歴史的仮名遣《かなづか》い
①ようよう ③なお ④おかし

❷ 古語の意味
⑤イ ⑥ウ

❸ 述語の省略
をかし

❹ 漢詩の形式
ア

❺ 漢詩の構成
(第)三(句)

❻ 作者の心情
例 (風雨で)花がどれほど散っただろうか(ということ。)

❼ 返り点
聞ク㆓啼鳥ヲ㆒

これが重要！

歴史的仮名遣いを**現代仮名遣い**に直す原則を覚える。❶の①「やう（yau）」は母音が「au」なので「よう（yô）」となる。語頭以外のハ行は「わ・い・う・え・お」と読むので、❶の③「なほ」→「なお」。「ゐ・ゑ・を」は「い・え・お」と読むので、❶の④「をかし」→「おかし」。

p.40 実力完成テスト

1
(1) ①こずえ ②あやうく (2) イ
(3) 過ちは～候ふ。

解説 (1) ①は「ゑ」を「え」に直す。②は「ふ」を「う」に直す。
(2)「かばかりになりては……いかにかく言ふぞ。」と質問している作者（兼《けん》好法師《こうほうし》）に対して、「と言ふ。」の前の言葉を答えているのは、イの「高名《かうみやう》の木登りと言ひしをのこ」である。
(3) 作者は、直前の高名の木登りの「過《あやま》ちは、やすきところになりて、必ずつかまつることに候《さうら》ふ（過ちは、やさしいところになって、必ずするものでございます）。」という言葉を聞いて感心している。

2
(1) こそ
(2) 息子（子・子供・わが子）・父（父親・親）
(3) すぐにすぐに（早く早く・さっさと）

解説 (1) 普通《ふつう》ならば「候《さうら》はむ」という終止形で終わるところだが、前に強調を表す「こそ」があるので、それを受けて「候はめ」（已然《いぜん》形）となっている。このように前に「ぞ・なむ・こそ・や・か」という係りの助詞が用いられると、文末の形が変わる決まりを係り結びという。
(2) ――線部①の直前の「小次郎《こじらう》が……嘆《なげ》きたまはんずらん。」の一文から、息子《むすこ》を思う父親の気持ちを考えていることがわかる。
(3)「とく（疾《と》く）」はここでは「すぐに」という意味。二つ重ねて用いている。

3
(1) イ
(2) 故人西のかた黄鶴楼を辞し
(3) 煙花三月下ル㆓揚州ニ㆒
(4) 例 友人が次第に遠く離れていく別れの寂しさ。
（別解＝友人との別れの寂しさと雄大な自然への感動。）

解説 (1) 一句が七字で四句から成る漢詩なので、**イ**「七言絶句《しちごんぜっく》」。
(2) 漢字右下の送り仮名《がな》（片仮名）を平仮名に直し、返り点の一・二点に従って「黄鶴楼《くわうかくろう》を」→「辞し」とする。
(3)「煙花三月《えんくわさんぐわつ》」まではこのままでよい。「下揚州」を「揚州《やうしう》(に)下(る)」と読むには「下ル㆓揚州ニ㆒」のように、送り仮名と一・二点を付ける。
(4) この詩の主題は友人の孟浩然《もうこうねん》との別れの寂《さび》しさで、作者はそれを雄大《ゆうだい》な長江《ちょうこう》の情景に込《こ》めて詠《よ》んでいることを押《お》さえる。

p.42

総復習テスト 第1回

1 (1) ウ
(2) イ
(3) ア
(4) 例 Ⅰのときは、夢が破れた悲しみでいっぱいだったが、Ⅱのときは、自分のこれまでの努力に悔いのないことと将棋への愛情を再確認して、やや安らいだ気持ちだった。

解説
(1) 父が、泣きじゃくる祐也《ゆうや》に対して「ひとの成長のペース」について説いている部分の言葉である。優秀《ゆうしゅう》さを順調に発揮《はっき》して医学部に現役合格した兄の秀也《しゅうや》と比べて、将棋《しょうぎ》を休むことになる祐也に「あわてる必要はない」、自分のペースでいけばよいという意味のことを言っているのだから、「ひとの成長のペースは千差万別（＝さまざまであり、それぞれ違《ちが》っている）」が適切。**ア**「一朝一夕」は「わずかの間」、**イ**「一日千秋」は「非常に待ち遠しいこと」、**エ**「千載一遇《せんざいいちぐう》」は「非常にまれなこと」という意味。

(2) ――線部①の直前の父の会話文「今日まで、ひとりで苦しませて、申しわけなかった」に注目する。父は祐也に対して、ひとりで苦しませたことをわびて、頭をさげている、**イ**が正解と判断できる。**ア・ウ・エ**が誤答である理由は、以下のとおり。

ア……父は「将棋をやめろと……一生をかけて、指していけばいい」と言っている。将棋を続けるという道を閉ざしてはいない。

ウ……父は、祐也に将棋を休むことを勧《すす》めているのであって、「勉強を強要」してはいない。

エ……父が「兄の秀也のこと」を優先していたとは読み取れない。

(3) 「顔がほころぶ」は、口を少し開いて穏《おだ》やかに笑う様子を表す慣用表現。温かい気持ちになって思わず笑みを浮《う》かべる様子を表す。プロを目ざすのをやめる、研修会をやめるという重くつらい決断をもって帰宅した祐也に、「いつもどおり、張り切った声で話す母」に感じた気持ちを、「顔がほころんだ」という表現を踏《ふ》まえて考えると、**ア**が正解。**イ**～**エ**が誤答である理由は、以下のとおり。

イ……母は無理をして明るい声を出しているかもしれないが、そんな母に「同情する気持ち」というのは、「顔がほころんだ」に合わない。

ウ・エ……「あきれる気持ち」、「照れくささ」は、「顔がほころんだ」と合わない。

(4) 本文全体を通しての祐也の気持ちの流れ・変化をとらえて答える。「プロを目ざすのは、もうやめにしなさい」「2週間後の研修会を最後にして、少し将棋を休むといい」という父の言葉に、祐也は「はい」と答えている。そして泣きじゃくるうちに「ずっと頭をおおっていたモヤが晴れていくのがわかった」ともある。力を注いできたプロ棋士への道をあきらめることはつらいが、反面、これまでの苦しみの原因から離《はな》れることを決断させる父の言葉に安堵《あんど》していることがうかがえる。このとき、祐也はまだ完全には気持ちを切り換《か》えられていないが、さまざまな感情に疲《つか》れて帰りの電車で眠《ねむ》ってしまう。そして、帰宅後、入浴し、夕飯をとるあいだ、「2年と2ヵ月、研修会で戦ってきた緊張《きんちょう》がとけて、ただただ眠たかった」とある。解答に直接関係するのは、このあとからの祐也の気持ちの変化。Ⅱのときの心情を、「Ⅰで眠ってしまったときと比較《ひかく》して」答えるという設問条件を外さずに書くこと。

それぞれ、次の部分に着目して、まとめるとよい。

Ⅰのとき……「悲しみにおそわれたのは、ベッドに入ってからだ。
『もう、棋士にはなれないんだ』
祐也の目から涙《なみだ》があふれた。」

Ⅱのとき……「『おれは将棋が好きだ。……それでも将棋が好きだ』
うそ偽《いつわ》りのない思いにからだをふるわせながら」

Ⅰのときはまだ悲しみが勝っているが、Ⅱのときにはこれまでの日々に納得して、将棋への愛情を再確認している。Ⅰのときは悲しいだけだったが、Ⅱのときは、悔《く》いはないというプラスの感情が生まれていることを読み取る。

2 (1) a 博雅三位（三位・三品） b 盗人

(2) ア

(3) いうよう

(4) 例 博雅三位の吹く笛の音を聴いて感動し、すっかり改心したから。（29字）

(5) ウ

解説 (1) 動作主（主語）を問う問題。古文では主語が省略されたり、一文の途中《とちゅう》で変わったりすることがある。情景を思い浮《う》かべ、話の展開を想像しながら、文章を追っていこう。**a** 家に盗人《ぬすびと》が入ったので、三位《さんみ》は板敷《いたじ》きの下に逃《に》げ隠《かく》れた。「盗人帰り、さて後、はひ出《い》でて家の中をみるに」というのだから、家の中を見たのは、板敷きの下からはい出た「博雅《はくが》三位」である。**b** 盗人が博雅三位の家に入った↓（家の中のものを）みな盗み出してしまっていた↓ひちりき一つを棚《たな》に残していた、というのだから、ひちりきだけを棚に残していたのは「盗人」である。

(2) 現代語訳・語句の解釈《かいしゃく》。盗人は「はるかにこれを聞きて（遠くでその音色を聴《き》き）」というのだから、**イ**・**ウ**はその展開に合わない。また、盗人は三位のひちりきの音を聴いてから三位の家に帰って（戻《もど》って）きたのだから、——線部①の時点ではまだ戻ろうとはしていない。**ア**「三位の家を出て行った盗人」が正解。——線部①「出でてさりぬる」の「ぬる」は「〜た。〜てしまった」という意味の完了《かんりょう》の助動詞なので、「出て行った（出て行ってしまった）」という解釈になる。

(3) 歴史的仮名遣《かなづか》いの読み方。「いふやう」（「言ふやう」）は、「歴史的仮名遣いの直し方」（p.38復習ガイド）①・⑤の原則に従って読む。「いふ」の「ふ」は語頭以外のハ行なので、「う」となり、「やう（yau）」は母音が重なるので、「よう（yô）」となる。したがって、「いうよう」と直す。

(4) 行為《こうい》の理由。盗人が三位の家から盗んだ物をすべて置いて出て行った理由は、同じ文の前半部分から読み取れる。ひちりきの音を聴いた盗人が感情をおさえられなくなり、帰ってきて、三位に語る会話文に注目しよう。「悪心みなあらたまりぬ（悪い心がすっかり改まりました）。」と言っている。三位のひちりきの音に感動して↓悪い心が改まった、という二つの内容を入れ、文末を「〜から。〜ため。〜ので。」などとして、字数以内にまとめる。

(5) 語句の解釈。ここまでの話の趣旨《しゅし》と、「いうなる心」の解釈がポイントになる。(4)で見たように、話の趣旨は、昔の盗人が、悪心を改めるほど、ひちりきの趣《おもむき》深い音色に感動する心をもっていたということ。その心を指して「かく（このように）いうなる心」と言っている。「いうなる」は漢字を使うと「優なる」と書き、「優れていて立派だ。優美だ。風流だ」の意味だが、意味を知らなくても、話の趣旨を踏《ふ》まえた筆者の感想として、**ウ**が適切とわかる。

【現代語訳】 博雅三位の家に盗人が入った。三位は、板敷きの下に逃げ隠れた。盗人が帰り、その後、（三位が板敷きの下から）はい出て家の中を見ると、残された物はなく、みな盗み出してしまっていた。（盗人が）ひちりきだけを棚の上に残していたのを、三位が手にしてお吹《ふ》きになっていたのを、三位の家から出て行った盗人が、遠くでその音色を聴き、感情がおさえられなくなって、（三位の家に）戻ってきて語ることには、「たったいまのひちりきの音をお聴きすると、趣深く高貴な音色でありまして、悪い心がみなすっかり改まりました。盗んだ物はすべてお返しいたしましょう」といって、すべて置いて出て行った。

昔の盗人は、このように風流を理解する心もあったのだ。

総復習テスト 第2回

1

(1) a べんぎ（びんぎ） b 触（れて） c 定義

(2) ウ

(3) イ

(4) 例 無限の多様性をもつ外界を、有限の言語で切り分ける作業により、対象の一部のみを表現するにとどめてしまう性質。（53字）

(5) Ⅰ デジタ〜る努力
Ⅱ エ

解説 (1) a 「便宜《べんぎ》」は「何かをするのに都合がいいこと」という意味。「べんぎ」と読むことがほとんどだが、「びんぎ」でも可。c 「テイギ」には「定義」「提議」などの同音異義語があるが、ここは「コミュニケーション」という言葉の意味を、「送り手が……受け手に伝える過程」と「テイギ」しているというのだから、ある言葉の意味を厳密に定めるという意味の「定義」が適切。

(2) 「伝えられた」という文節を適切に単語に区切る。文脈から、この「伝えられ」は、伝えることをされるという受け身の意味だとわかる。つまり、「伝える」＋受け身の助動詞「れる・られる」の組み立て。「伝える」は下一段活用の動詞なので「られる」が接続する。「れる・られる」は主に動詞の未然形に付くので、「伝え（未然形）＋られ（連用形）」となる。最後の「た」は過去の助動詞「た」（連体形）なので、**ウ**が正解。

(3) 第四段落までの文章（「われわれはアナログの世界に……言葉のデジタル性をよく表《あら》わしている。」）から、「アナログ」と「デジタル」の概念《がいねん》の違《ちが》いをとらえておくことがポイント。

アナログ……例えば時間は1分、2分という区切りに関係なく流れていて境目がないし、空気にもその匂《にお》いにも境目がない。アナログの感覚はとらえることはできても、それを表現することはできない。「表現した途端《とたん》にそれはアナログからデジタルに変換《へんかん》されてしまう〈第二段落2〜3行目〉」。

デジタル……何かを数値化する、言葉で言い表す、そのことがデジタル化そのもの。あるものを表現するのに一つの言葉を選択《せんたく》することは、それ以外の表現を捨て去ることで、その言葉はあるものの「全体性には少しも届いていない」。デジタル化とは「外界（＝アナログ世界）の無限の多様性を、有限の言語によって切り分けるという作業〈第三段落4〜5行目〉」。

d・e の部分は、感情を含《ふく》めた無限の多様性をもつ外界を、言葉に移し替《か》えようとするのが「詩歌や文学における言語表現であるとも言える」という文脈だから、dには「アナログ」、eには「デジタル」が入る。fは、ヒトの使う言語とは異なり、「動物の場合は、鳴き声や、身振《みぶ》り、威嚇《いかく》など」の表現が「コミュニケーションの『媒介《ばいかい》』手段」だとあるので、言語（デジタル）とは異なる「アナログな表現」となる。したがって、**イ**が正解。

(4) 単なる「デジタル性」ではなく、「言葉のデジタル性」について問うていることに注意する。「本文中の語句を用いて」とあるので、言葉のデジタル性について述べている箇所《かしょ》に線を引いていくなどすると、まとめやすい。関係する箇所としては、第三段落の「言葉で表わすとは、……有限の言語によって切り分けるという作業」、第四段落の「そんな（潜在《せんざい》的な）可能性をすべて断念し、……便宜的な表現になったのである。『大きな樹《き》』はその樹の属性の一部ではあっても、その樹の全体性には少しも届いていない」などを抜《ぬ》き出すことができる。第三段落の語句のみを使って「作業」の内容を説明するだけでは不十分。その「作業」がどういう結果を招くことになるのかまでを説明する。第三段落「外界の無限の多様性」「有限の言語によって」「切り分ける」などの言葉と、第四段落の「全体性」には「届いていない」という内容を盛り込《こ》むことが必要。

(5) Ⅰ 〔い〕を含むBさんの会話文は、コミュニケーションを成立させる際に、言葉の受け手側がとるべき態度について述べたもの。本文では、受け手のとるべき態度については最後の二段落で述べられている。特に最終段落で、「伝えられたほう」がすべき努力について触《ふ》れている。ここから指定字数に合い、空欄《くうらん》部のあとの「〜をする」にうまく続く部分を探すと、「デジタル情報の隙間《すきま》から……再現する努力」（43字）が見つかる。

Ⅱ Ⅰの問題と関連する。〔ろ〕は、Aさんの「それは例えばどうすることだろう。」という問いへの答えだから、Bさんが〔い〕で述べた態度の具体例に当たる態度を考え、それに当てはまらない「適切でないもの」を選ぶことに注意する。相手の思いや感情をなるべく「再現する」(くみとる)努力に当てはまらないものを選ぶ。やや迷うかもしれないが、**エ**は「デジタルをデジタルに変換しただけの作業」であり、相手への「思いやり」の態度としては適切でない。

2 (1) 往㆓山中㆒無㆑水
(2) エ
(3) 例 山の日なた側のあり塚の下。(13字)

解説 (1)「山中」→「往」→「水」→「無」の順で読むことになる。「山中を往《ゆ》きて」は、「中」から「往」へ二字(以上)返るので、一・二点を用いる。「水無し」は、「水」からすぐ上の「無」へ返るのでレ点を用いる。
(2) 第一文・第二文の主語は「管仲《くわんちう》・隰朋《しふほう》」、第三文・第四文の主語は「管仲」である。ある文の文頭に主語と思われる人名があり、それ以降の文に人名が省略されている場合、主語は同じだと考えてよい。したがって、「すなはち老馬を放ちて……道を得たり。」の文の主語も管仲。また、「これ」は直前の放たれた「馬」を指すので、**エ**が正解。
(3) 直前の隰朋の「蟻《あり》は冬は山の陽《みなみ》に居《を》り、……水あり。」という言葉に注目する。蟻は、冬は山の日なた側にいて、夏は山の日かげ側にいて、水は蟻塚《ありづか》の下にあると聞いていると言っている。一行目に管仲・隰朋が「春往きて冬反《かへ》る」とあることから、二人が帰る途中《とちゅう》にある今の季節は冬であることがわかる。したがって、二人が水を求めて掘《ほ》ったのは、山の日なた側の蟻塚の下である。

【現代語訳】管仲《かんちゅう》・隰朋《しゅうほう》が孤竹《こちく》を攻《せ》めたが、往きは春で帰りは冬だった。(そこで)迷って道がわからなくなった。すると管仲が、「老馬の知恵《ちえ》を用いるのがよい」と言った。(管仲が)すぐに老馬を放ってその馬について行くと、やがて道がわかった。また、山中で水が得られず困った。隰朋が、「蟻は冬は山の日なた側にいて、夏は山の日かげ側にいる。蟻塚の高さが一寸であればその一仞《じん》の下に水があるそうだ。」と言う。そこで(蟻塚を見つけて)地面を掘《ほ》り、すぐに水を得た。管仲の明敏《めいびん》さと、隰朋の知恵をもつ人でも、知らないことについては、老馬と蟻とを師とすることをためらわない。今の時代の人は、自分たちの愚《おろ》かな心を省みて、聖人・賢人《けんじん》の知恵を師とするということを怠《おこた》る、これは間違《まちが》っているのだよ。

10日間完成

中1・2の総復習 国語

［改訂版］

Gakken